Aldidente

Fixes Backen

Mit 200 Rezepten durchs ganze Jahr

Eichborn.

1 2 3 4 07 06 05

Zusammengestellt von Gabriele Rescher
Umschlaggestaltung: Uschi Heusel
Lektorat: Oliver Thomas Domzalski
Layout: Oliver Schmitt
Druck und Bindung: WS Bookwell, Finnland
ISBN 3-8218-4924-X

Verlagsverzeichnis schickt gern:
Eichborn Verlag, Kaiserstr. 66, 60329 Frankfurt
www.eichborn.de

Die Rezepte sind sorgfältig erstellt und geprüft worden.
Für eventuell dennoch auftretende Fehler
bei Mengenangaben oder Zubereitungsverfahren übernimmt
der Verlag keine Haftung.

Winterrezepte

Frühlingsrezepte

Osterrezepte

Sommerrezepte

Herbstrezepte

Weihnachtsrezepte

Standardrezepte

Mooskuchen

Zutaten

- 4 Eier
- 250 g Butter
- 275 g Zucker
- 200 ml saure Sahne
- 75 g Kakao
- 325 g Mehl
- 1 gehäufter TL Natron

Belag

- 5 Eiweiß
- 5 EL Puderzucker
- 200 g Kokosfett
- 2 TL fein gemahlener Kaffee

Alle Zutaten für den Teig mit dem elektrischen Handrührgerät zu einem geschmeidigen Teig verarbeiten. Ein Backblech mit Backpapier auslegen und den Teig gleichmäßig darauf verstreichen. Im Backofen bei 150 °C auf der mittleren Schiene ca. 30 bis 40 Minuten backen. Anschließend erkalten lassen.

Für den Belag Eiweiß steif schlagen und langsam den Puderzucker durch ein Sieb einrieseln lassen. Kokosfett in einem kleinen Topf erhitzen, bis es flüssig ist. Dann wieder etwas abkühlen lassen und anschließend langsam unter die Eiweißmasse rühren. Nun die Masse auf den Boden streichen.

Zum Schluss den Kaffee durch ein Haarsieb auf den Kuchen sieben. Nach einiger Zeit verfärbt sich der Kuchen grünlich, daher der Name Mooskuchen.

Einkaufsliste: Mooskuchen

- ○ 9 Eier
- ○ 1 Stck. Butter
- ○ Zucker
- ○ 200 ml saure Sahne
- ○ Kakao
- ○ Mehl
- ○ 1 Pckg. Natron
- ○ Puderzucker
- ○ 1 Pckg. Kokosfett
- ○ Kaffee

Was noch?

- ○ ____________________
- ○ ____________________
- ○ ____________________
- ○ ____________________
- ○ ____________________
- ○ ____________________
- ○ ____________________
- ○ ____________________
- ○ ____________________
- ○ ____________________
- ○ ____________________
- ○ ____________________

Winterzauber

Zutaten für den Teig

- 125 g weiche Butter
- 125 g Zucker
- 1 Prise Salz
- 1 Pck. Vanillinzucker
- 4 Eier
- 125 g Weizenmehl
- 1 TL Backpulver
- 75 g Kokosraspel

Für die Füllung

- 12 Stck. Kirschpralinen
- 8 EL Sauerkirschmarmelade
- 500 ml Schlagsahne
- 1 Pck. Vanillinzucker
- 2 Pck. Sahnesteif
- 150 g Kokosraspel

Butter, Zucker, eine Prise Salz und Vanillinzucker schaumig rühren. Nach und nach die Eier und zum Schluss in kleinen Portionen das mit dem Backpulver vermischte Mehl unterrühren.

Kokosraspel in einer beschichteten Pfanne ohne Fett anrösten und unter den Teig heben. Teig in eine eingefettete Springform füllen und im vorgeheizten Backofen bei 175 °C ca. 30 bis 40 Minuten backen.

Den Boden kurz abkühlen lassen und einmal waagerecht durchschneiden. Pralinen im Wasserbad schmelzen, mit der Marmelade vorsichtig verrühren und den unteren Boden damit bestreichen. Schlagsahne mit Vanillinzucker und Sahnesteif steif schlagen. Die Hälfte davon auf dem Marmeladen-Kirschkonfekt-Belag verstreichen, den oberen Tortenboden auflegen und mit der restlichen Sahne bestreichen. Zum Schluss den Schnee aus Kokosraspeln auf die Sahne streuen und die Torte ca. 2 Stunden im Kühlschrank kalt stellen.

Einkaufsliste: Winterzauber

- ○ 1 Stck. Butter
- ○ Zucker
- ○ Salz
- ○ 4 Eier
- ○ Mehl
- ○ 1 Pck. Backpulver
- ○ 1 Tüte Kokosraspel
- ○ 1 Pckg. Kirschpralinen (Inhalt: mindestens 12 Stck.)
- ○ 1 Glas Sauerkirschmarmelade
- ○ 3 Becher Schlagsahne à 200 ml
- ○ 1 Pck. Vanillinzucker
- ○ 2 Pck. Sahnesteif

Was noch?

- ○ ____
- ○ ____
- ○ ____
- ○ ____
- ○ ____
- ○ ____
- ○ ____
- ○ ____
- ○ ____
- ○ ____
- ○ ____
- ○ ____

Valentinsherz

Zutaten für den Teig

- 50 g Zucker
- 1 Eigelb
- 1 Prise Salz
- 125 g Butter
- 200 g Mehl
- ½ TL Backpulver

Für den Belag

- 250 g Quark
- 200 g Frischkäse
- 2 EL Crème fraîche
- 75 g Zucker
- 1 Pckg. kandierte Kirschen

Zucker, Eigelb und Salz verrühren und anschließend das mit dem Backpulver vermischte Mehl und die in kleine Stücke geschnittene Butter unterheben. Alles zu einem glatten Mürbeteig verkneten. Den Teig in Frischhaltefolie wickeln und 30 Minuten im Kühlschrank ruhen lassen.

Eine Herzbackform einfetten und den Teig darin zu einem Boden andrücken. Im Backofen bei 180 °C ca. 25 Minuten backen, dann auf ein Kuchengitter stürzen und auskühlen lassen.

In der Zwischenzeit Quark, Frischkäse und Crème fraîche mit dem Zucker zu einer glatten Creme verrühren. Ca. ein Drittel der Creme auf dem ausgekühlten Kuchen glatt verstreichen. Die restliche Creme in eine Tortenspritze füllen und als Rosetten ringsum aufspritzen. Vorsichtig in jede Rosette eine kandierte Kirsche drücken.

Einkaufsliste: Valentinsherz

- ○ Zucker
- ○ 1 Ei
- ○ Salz
- ○ 1 Stck. Butter
- ○ Mehl
- ○ 1 Pck. Backpulver
- ○ 1 Becher (250 g) Quark
- ○ 1 Becher Frischkäse
- ○ 1 Becher Crème fraîche
- ○ 1 Pckg. kandierte Kirschen
- ○ 1 Herzbackform

Was noch?

- ○ ____
- ○ ____
- ○ ____
- ○ ____
- ○ ____
- ○ ____
- ○ ____
- ○ ____
- ○ ____
- ○ ____
- ○ ____
- ○ ____

After-Eight-Torte

Zutaten

- 375 ml Schlagsahne
- 1 Pckg. Schoko-Minze-Plättchen (z. B. After Eight)
- 6 Eier
- 175 g Zucker
- 150 g Mehl
- ½ Pck. Backpulver
- 25 g Kakao
- 1 Prise Salz
- 2 Pck. Vanillinzucker
- 1 Tüte Schokoraspel

Am Vortag die Sahne mit den Schoko-Minze-Plättchen kurz aufkochen und über Nacht in den Kühlschrank stellen.

Am nächsten Tag die Eier trennen, Eigelb mit Zucker schaumig schlagen. Mehl, Backpulver und Kakao darüber sieben und unterrühren. Eiweiß steif schlagen, dabei Salz und Vanillinzucker einrieseln lassen. Vorsichtig den Eischnee unter die Teigmasse heben. Den Teig in eine beschichtete Springform füllen und im Backofen bei 200 °C ca. 25 bis 30 Minuten backen. Den Kuchen aus der Form lösen und völlig erkalten lassen.

Den Kuchen einmal waagerecht durchschneiden, um den unteren Boden einen Tortenring legen und mit zwei Drittel der After-Eight-Sahne bestreichen. Den oberen Teil auflegen, mit der restlichen Sahne bestreichen und mit Schokoraspeln bestreuen. Im Kühlschrank mindestens 2 Stunden fest werden lassen.

Einkaufsliste: After-Eight-Torte

- ○ 2 Becher (à 200 ml) Schlagsahne
- ○ 1 Pckg. Schoko-Minze-Plättchen (z. B. After Eight)
- ○ 6 Eier
- ○ Zucker
- ○ Mehl
- ○ 1 Pck. Backpulver
- ○ Kakao
- ○ Salz
- ○ 2 Pck. Vanillinzucker
- ○ 1 Tüte Schokoraspel

Was noch?

- ○ ______
- ○ ______
- ○ ______
- ○ ______
- ○ ______
- ○ ______
- ○ ______
- ○ ______
- ○ ______
- ○ ______
- ○ ______
- ○ ______

Käsesahne-Torte

Zutaten für den Teig

- 150 g Zucker
- 1 Pck. Vanillezucker
- 5 Eier
- 150 g Mehl

Für die Füllung

- 6 Blatt weiße Gelatine
- 1 Pck. Vanillepudding-pulver
- 250 ml Milch (für den Pudding)
- 500 g Quark
- 250 ml Schlagsahne

Für den Biskuitteig Zucker, Vanillinzucker und Eier schaumig rühren. Anschließend nach und nach das Mehl langsam unterrühren. Den Teig in eine beschichtete Springform füllen und im vorgeheizten Backofen bei 190 °C ca. 25 bis 30 Minuten backen. Den Boden auskühlen lassen und einmal waagerecht halbieren. Für die Käsesahne die Gelatine nach Packungsanweisung in kaltem Wasser einweichen. Den Pudding nach Packungsanweisung zubereiten, vom Herd nehmen und die eingeweichte und ausgedrückte Gelatine unterrühren, bis sich die Blattgelatine gelöst hat. Nun die Sahne steif schlagen. Anschließend den lauwarmen Pudding mit der Sahne und dem Quark verrühren.

Um den unteren Kuchenboden einen Tortenring legen und die Hälfte der Käsesahnemasse einfüllen und glatt streichen. Nun den Tortendeckel vorsichtig auf die Käsesahne legen und auch diesen mit der restlichen Sahnemasse bestreichen.

Im Kühlschrank einige Stunden fest werden lassen.

Einkaufsliste: Käsesahne-Torte

- ○ Zucker
- ○ 1 Pck. Vanillinzucker
- ○ 5 Eier
- ○ Mehl
- ○ 1 Becher (500 g) Quark
- ○ 1 Pck. Vanillepudding-pulver
- ○ Milch
- ○ 1 Pckg. weiße Blatt-gelatine
- ○ 1 Becher (250 ml) Schlagsahne

Was noch?

- ○ ______
- ○ ______
- ○ ______
- ○ ______
- ○ ______
- ○ ______
- ○ ______
- ○ ______
- ○ ______
- ○ ______
- ○ ______
- ○ ______

Apfelmuskuchen

Zutaten

- 1 TL Natron
- 200 g Mehl
- 200 g Zucker
- 50 g gemahlene Walnüsse
- 50 g weiche Butter
- 50 g Rosinen
- 1 Ei
- 300 g Apfelmus
- ½ TL Zimt
- ½ TL gemahlene Nelken

Zuerst Natron mit Mehl vermischen, anschließend nach und nach alle übrigen Zutaten hinzufügen und alles zu einem glatten Teig verarbeiten.

Den Teig in eine mit Backpapier ausgelegte Springform füllen und im vorgeheizten Ofen bei 180 °C ca. 60 Minuten backen.

Anschließend den Kuchen noch heiß vom Rand lösen und in der Springform erkalten lassen.

Einkaufsliste: Apfelmuskuchen

- ○ 1 Pckg. Natron
- ○ Mehl
- ○ Zucker
- ○ 1 Tüte gemahlene Walnüsse
- ○ 1 Stck. Butter
- ○ 1 Tüte Rosinen
- ○ 1 Ei
- ○ 1 großes Glas Apfelmus
- ○ Zimt
- ○ gemahlene Nelken

Was noch?

- ○ ______
- ○ ______
- ○ ______
- ○ ______
- ○ ______
- ○ ______
- ○ ______
- ○ ______
- ○ ______
- ○ ______
- ○ ______
- ○ ______

Ananasringe

Zutaten
für 6 Personen

- 125 g weiche Butter
- 100 g Zucker
- 2 Eier
- 225 g Mehl

Belag

- 1 Dose Ananasringe
- 1 kleine Dose Mandarinen
- 500 ml Schlagsahne

Die weiche Butter mit der Hälfte des Zuckers und den Eiern verrühren. Nach und nach den restlichen Zucker und das Mehl hinzufügen und alles zu einem Knetteig verarbeiten.

Den Teig auf einer mit Mehl bestäubten Arbeitsplatte ca. 6 mm dünn ausrollen und sechs Kreise ausstechen. Ein Backblech mit Backpapier auslegen und die Kreise ca. 15 Minuten bei ca. 220 °C im Backofen ausbacken. Auf dem Backblech auskühlen lassen und auf jeden Kreis zwei Ananasringe legen.

Mit der steif geschlagenen Sahne und Mandarinenscheiben verzieren.

Einkaufsliste: Ananasringe

1 Stck. Butter
Zucker
2 Eier
Mehl
1 Dose Ananasringe
1 kleine Dose Mandarinen
2 Becher (à 250 ml)
Schlagsahne

Was noch?

○ ____________________

○ ____________________

○ ____________________

○ ____________________

○ ____________________

○ ____________________

○ ____________________

○ ____________________

○ ____________________

○ ____________________

○ ____________________

○ ____________________

Schoko-Biskuitrolle

Zutaten

- 4 Eier
- 4 EL Wasser
- 200 g Zucker
- 60 g Mehl
- 60 g Speisestärke
- 1 ½ TL Backpulver
- 40 g Kakao

Für die Füllung

- 3 EL Weinbrand
- 200 g Kirschmarmelade
- 400 ml Sahne
- 2 Pck. Sahnesteif

Die Eier trennen. Eiweiß mit dem kalten Wasser steif schlagen. Langsam den Zucker einrieseln lassen und das Eigelb unterziehen. Mehl, Speisestärke, Backpulver und Kakao vermischen und locker unterheben. Ein Backblech mit Backpapier auslegen, den Teig einfüllen, glatt streichen und im Backofen ca. 20 Minuten bei 200 °C auf der mittleren Schiene backen.

Die Biskuitplatte sofort auf ein sauberes Geschirrtuch stürzen und das Papier abziehen. Die Platte mit dem Tuch aufrollen, kalt werden lassen und danach zurückrollen.

Die Sahne mit dem Sahnesteif sehr steif schlagen. Die Platte mit dem Weinbrand beträufeln und danach erst mit Marmelade und anschließend mit der Schlagsahne bestreichen. Mit Hilfe des Tuches nun die Teigplatte wieder aufrollen und mit Puderzucker bestäuben.

Einkaufsliste: Schoko-Biskuitrolle

- ○ 4 Eier
- ○ Zucker
- ○ Mehl
- ○ Speisestärke
- ○ 1 Pck. Backpulver
- ○ Kakao
- ○ 1 Miniflasche Weinbrand
- ○ 1 Glas Kirsch-marmelade
- ○ 2 Becher Sahne (à 200 ml)
- ○ 2 Pck. Sahnesteif

Was noch?

○ ____________________

○ ____________________

○ ____________________

○ ____________________

○ ____________________

○ ____________________

○ ____________________

○ ____________________

○ ____________________

○ ____________________

○ ____________________

○ ____________________

Bananenkuchen

Zutaten

- 3 weiche Bananen
- 4 Eier
- 250 g Zucker
- 300 Mehl
- 2 TL Natron
- 250 g Butter
- 1 TL Zimt
- 1 Messerspitze gemahlene Nelken
- 1 Prise Muskat
- 1 Pckg. Schokoglasur
- Semmelbrösel

Die Bananen mit der Gabel pürieren. Eier, Butter und Zucker schaumig rühren. Mehl und Natron vermischen. Alle Zutaten bis auf die Schokoglasur miteinander vermengen und zu einem geschmeidigen Teig verarbeiten.

Eine Kastenform einfetten und mit Semmelbrösel ausstreuen. Die Teigmasse in die Kastenform einfüllen und im Backofen bei 180 °C ca. 60 Minuten backen.

Nach dem Erkalten mit der in heißem Wasserbad aufgelösten Schokoglasur überziehen.

Einkaufsliste: Bananenkuchen

- ○ 3 weiche Bananen
- ○ 4 Eier
- ○ Zucker
- ○ Mehl
- ○ 1 Pckg. Natron
- ○ 1 Stck. Butter
- ○ Zimt
- ○ gemahlene Nelken
- ○ gemahlene Muskatnuss
- ○ 1 Pckg. Schokoglasur

Was noch?

- ○ ____________________
- ○ ____________________
- ○ ____________________
- ○ ____________________
- ○ ____________________
- ○ ____________________
- ○ ____________________
- ○ ____________________
- ○ ____________________
- ○ ____________________
- ○ ____________________
- ○ ____________________

Apfelkastenkuchen mit Nüssen

Zutaten für den Teig

- 100 g Butter
- 140 g Zucker
- 2 Eier
- 200 g Mehl
- 1 Pck. Backpulver
- 2 EL Milch
- 70 g gewaschene Rosinen
- 75 g gehackte Walnüsse
- ½ TL Zimt
- 1 Prise gemahlene Muskatnuss
- ½ TL Salz
- 1 Apfel (geschält, entkernt und in kleine Würfel geschnitten)

Für den Guss

- 125 g Puderzucker
- 2 TL warmes Wasser

Für die Garnierung

- kandierte Kirschen

Für den Teig Butter, Zucker und Eier schaumig rühren. Mehl mit dem Backpulver vermischen und nach und nach mit den übrigen Zutaten zu einem geschmeidigen Teig verarbeiten. Den Teig in eine eingefettete Kastenform füllen, glatt streichen und im Backofen bei 160 °C ca. 60 Minuten auf der mittleren Schiene backen. Etwas abkühlen lassen, dann auf ein Kuchengitter stürzen und völlig erkalten lassen.

Anschließend Puderzucker mit lauwarmem Wasser verrühren und den Kuchen mit der Glasur bestreichen. Sofort einige kandierte Kirschen in den Guss drücken.

Dieser Kuchen schmeckt ganz frisch am besten.

Einkaufsliste: Apfelkastenkuchen mit Nüssen

- ○ 1 Stck. Butter
- ○ Zucker
- ○ 2 Eier
- ○ Mehl
- ○ 1 Pck. Backpulver
- ○ Milch
- ○ 1 Tüte Rosinen
- ○ 1 Tüte gehackte Walnüsse
- ○ Zimt
- ○ gemahlene Muskatnuss
- ○ Salz
- ○ 1 Apfel
- ○ Puderzucker
- ○ 1 Pckg. kandierte Kirschen

Was noch?

- ○ __________
- ○ __________
- ○ __________
- ○ __________
- ○ __________
- ○ __________
- ○ __________
- ○ __________
- ○ __________
- ○ __________
- ○ __________
- ○ __________

Ricotta-Kuchen mit Kirschfüllung

Zutaten für den Teig

- 175 g Mehl
- 125 g Butter
- 75 g Zucker
- 1 Eigelb
- 1 Prise Salz

Für die Füllung

- 4 Eier, getrennt
- 600 g Ricotta (ital. Frischkäse)
- 200 g saure Sahne
- 200 g Zucker
- 2 Pck. Vanillinzucker
- 1 Zitrone, unbehandelt
- 2 EL Speisestärke
- 1 Glas Sauerkirschen
- 3 EL Aprikosenkonfitüre

Backofen auf 180 °C vorheizen. Für den Mürbeteig alle Zutaten zu einem glatten Teig verkneten, in Folie wickeln und ca. 30 Minuten im Kühlschrank ruhen lassen. Anschließend den Teig auf einer bemehlten Arbeitsfläche ausrollen. Springform einfetten und den Teig zu einem Boden andrücken, dabei einen Rand hochziehen.

Für die Ricottafüllung Eiweiß steif schlagen. Ricotta mit den Eigelb, saurer Sahne, Zucker, Vanillinzucker, etwas abgeriebener Zitronenschale und Stärke verquirlen und mit Zitronensaft abschmecken. Nun den Eischnee vorsichtig unterheben. Die gut abgetropften Kirschen auf dem Teigboden verteilen und mit der Ricottacreme abdecken. Im Backofen bei 180 °C ca. 60 Minuten auf der mittleren Schiene backen. Den Ofen ausschalten und den Kuchen im Ofen langsam abkühlen lassen.

Den erkalteten Kuchen aus der Form lösen und mit der erwärmten und durch ein Sieb gestrichenen Aprikosenkonfitüre bestreichen.

Einkaufsliste: Ricotta-Kuchen mit Kirschfüllung

- ○ Mehl
- ○ Butter
- ○ Zucker
- ○ 5 Eier
- ○ Salz
- ○ 600 g Ricotta
- ○ 1 Becher (200 ml) saure Sahne
- ○ 2 Pck. Vanillinzucker
- ○ 1 Zitrone
- ○ Speisestärke
- ○ 1 Glas Sauerkirschen
- ○ 1 Glas Aprikosenkonfitüre

Was noch?

- ○ ______
- ○ ______
- ○ ______
- ○ ______
- ○ ______
- ○ ______
- ○ ______
- ○ ______
- ○ ______
- ○ ______
- ○ ______
- ○ ______

Birnenkuchen mit Quarkfüllung

Zutaten

- 100 g Zucker
- 1 Ei
- 75 ml Milch
- 1 TL Backpulver
- 200 g Mehl

Für die Füllung

- 1 Dose Birnenhälften
- 100 g Zucker
- 4 Eier, getrennt
- 1 Pck. Vanillepudding-pulver
- 500 g Quark
- 125 ml Sahne

Zucker und das Ei schaumig rühren, dabei nach und nach die Milch hinzufügen. Backpulver und Mehl miteinander vermischen und alles zu einem Knetteig verarbeiten. Den Teig in eine mit Backpapier ausgelegte Springform geben und zu einem Boden andrücken. Dabei einen Rand hochziehen. Die Birnen über einem Sieb abtropfen lassen, vierteln und den Boden damit belegen.

75 g Zucker, Eigelb, Vanillepuddingpulver, Quark und Sahne verrühren und auf die Birnen streichen. Im Backofen bei 180 °C ca. 45 Minuten backen.

Für den Eischnee die Eiweiße steif schlagen, dabei den restlichen Zucker einrieseln lassen. Den Kuchen aus dem Ofen nehmen, sofort mit dem Eischnee bestreichen und weitere 15 Minuten backen.

Einkaufsliste: Birnenkuchen mit Quarkfüllung

- ○ Zucker
- ○ 5 Eier
- ○ Milch
- ○ 1 Pck. Backpulver
- ○ Mehl
- ○ 1 Dose Birnen
- ○ 1 Pck. Vanillepudding-pulver
- ○ 1 Becher (500 g) Quark
- ○ 1 Becher (200 ml) Sahne

Was noch?

- ○ ____________
- ○ ____________
- ○ ____________
- ○ ____________
- ○ ____________
- ○ ____________
- ○ ____________
- ○ ____________
- ○ ____________
- ○ ____________
- ○ ____________
- ○ ____________

Napfkuchen mit Schokoraspeln

Zutaten

- 250 g Butter
- 250 g Zucker
- 1 Prise Salz
- 1 Pck. Vanillinzucker
- 4 Eier
- ⅛ l Milch
- 500 g Mehl
- 1 Pck. Backpulver
- 150 g Blockschokolade

Sonstiges

- Margarine und Paniermehl für die Form

Butter, Zucker, Salz, Vanillinzucker und Eier schaumig schlagen. Nach und nach die Milch hinzufügen. Mehl mit Backpulver vermischen, anschließend unter die Eiermasse sieben. Die Blockschokolade mit einem scharfen Messer grob raspeln. Eine größere Napfkuchenform mit Margarine einfetten und mit Paniermehl ausstreuen. Die Hälfte des Teiges einfüllen, den übrigen Teig mit den Schokoraspeln vermengen und auf den hellen Teig geben. Im Backofen auf mittlerer Schiene bei 180 °C ca. 60 Minuten backen.

Einkaufsliste: Napfkuchen mit Schokoraspeln

- ○ 1 Stck. Butter
- ○ Zucker
- ○ Salz
- ○ 1 Pck. Vanillinzucker
- ○ 4 Eier
- ○ Milch
- ○ Mehl
- ○ 1 Pck. Backpulver
- ○ 150 g Blockschokolade
- ○ Margarine
- ○ Paniermehl

Was noch?

- ○ ______
- ○ ______
- ○ ______
- ○ ______
- ○ ______
- ○ ______
- ○ ______
- ○ ______
- ○ ______
- ○ ______
- ○ ______
- ○ ______

Bratäpfel im Blätterteig

Zutaten
für 8 Personen

- 12 Scheiben TK-Blätterteig (quadratisch)
- 12 kleine Äpfel
- 2 EL Zitronensaft
- 150 g gehackte Haselnüsse
- 325 g Johannisbeergelee
- 2 Eigelb
- Puderzucker

Backofen auf 180 °C vorheizen. Die 12 Blätterteigplatten einzeln auftauen lassen. Die Äpfel waschen und das Kerngehäuse ausstechen. Anschließend die Schnittflächen mit Zitronensaft beträufeln. In einer beschichteten Pfanne ohne weitere Zugabe von Fett die gehackten Haselnüsse rösten. 250 g Johannisbeergelee mit der Hälfte der gerösteten Nüsse vermischen und mit dieser Masse die Äpfel füllen. Je einen Apfel auf eine Teigplatte setzen und die vier Ecken der Platte oben über dem Apfel zusammendrücken. Das Eigelb verquirlen und die Schnittstellen damit einpinseln. Ein Backblech mit Backpapier auslegen und die Bratäpfel darauf anordnen. Im vorgeheizten Backofen ca. 35 Minuten backen.

Inzwischen das restliche Johannisbeergelee erwärmen, die fertigen noch warmen Bratäpfel damit einpinseln und mit den restlichen Nüssen und etwas Puderzucker bestreuen. Warm servieren.

Einkaufsliste: Bratäpfel im Blätterteig

- ○ 2 Pckg. TK-Blätterteigscheiben (12 Stck.)
- ○ 12 kleine Äpfel
- ○ 1 Zitrone
- ○ 1 Tüte gehackte Haselnüsse
- ○ 1 großes Glas Johannisbeergelee
- ○ 2 Eier
- ○ Puderzucker

Was noch?

- ○ ______
- ○ ______
- ○ ______
- ○ ______
- ○ ______
- ○ ______
- ○ ______
- ○ ______
- ○ ______
- ○ ______
- ○ ______
- ○ ______

Sauerrahm-Zimt-Nusskuchen

Zutaten

- 250 g weiche Butter
- 300 g Zucker
- 1 Pck. Vanillezucker
- 4 Eier
- 350 g Mehl
- 2 TL Backpulver
- 200 ml Sauerrahm

Füllung

- 75 g brauner Zucker
- 175 g gemahlene Nüsse
- 1 TL Zimt
- Puderzucker

Butter, Zucker, Vanillinzucker und Eier cremig rühren. Mehl mit dem Backpulver vermischen und nach und nach der Eiermasse hinzufügen. Zum Schluss Sauerrahm unterrühren.

Zwei Drittel des Teiges in eine beschichtete Backform füllen. Nun den Zucker, die gemahlenen Nüsse und den Zimt miteinander vermengen, auf dem Teigboden verteilen und mit dem restlichen Teig abdecken. Mit einer Gabel grob mehrmals durch den Teig ziehen.

Im vorgeheizten Backofen bei 180 °C ca. 60 Minuten auf der mittleren Schiene backen. Nach dem Abkühlen den Kuchen mit Puderzucker bestäuben.

Einkaufsliste: Sauerrahm-Zimt-Nusskuchen

- ○ 1 Stck. Butter
- ○ Zucker
- ○ 1 Pck. Vanillinzucker
- ○ 4 Eier
- ○ Mehl
- ○ 1 Pck. Backpulver
- ○ 1 Becher Sauerrahm (200 ml)
- ○ 1 Pckg. brauner Zucker
- ○ 1 Pckg. gemahlene Nüsse
- ○ gemahlener Zimt
- ○ Puderzucker

Was noch?

- ○ ____
- ○ ____
- ○ ____
- ○ ____
- ○ ____
- ○ ____
- ○ ____
- ○ ____
- ○ ____
- ○ ____
- ○ ____
- ○ ____

Kirschtorte mit Eierlikör

Zutaten

- 80 g weiche Butter
- 160 g Zucker
- 1 Pck. Vanillinzucker
- 3 Tropfen Bittermandelöl
- 2 Eier
- 70 g Mehl
- 30 g Speisestärke
- 70 g gemahlene Mandeln
- 1 TL Backpulver
- 1 Glas entsteinte Sauerkirschen
- 1 Pck. roter Tortenguss
- 25 g Mandelplättchen
- 200 g Doppelrahmfrischkäse
- 60 g Zucker
- 1 Pck. Vanillinzucker
- 375 ml Schlagsahne
- 3 EL Eierlikör

Butter, Zucker, Vanillinzucker und Bittermandelöl schaumig rühren. Nach und nach die Eier unterschlagen. Mehl, Speisestärke, Mandeln und Backpulver miteinander vermischen und unter die Butter-Eier-Masse rühren. Alles zu einem geschmeidigen Teig verarbeiten. Eine Springform einfetten, den Teig einfüllen und glatt streichen. Im Backofen bei 180 °C ca. 20 Minuten backen, anschließend auf einem Kuchengitter auskühlen lassen. Um den Boden einen Tortenring legen. Kirschen über ein Sieb gut abtropfen lassen (den Saft dabei auffangen) und auf dem Boden verteilen. Tortenguss nach Packungsanweisung, aber mit ¼ l Kirschsaft zubereiten und über die Kirschen verteilen.

Mandelblättchen in einer beschichteten Pfanne ohne Fettzugabe goldbraun rösten und abkühlen lassen. Frischkäse, Zucker und Vanillinzucker cremig rühren. Sahne steif schlagen und unter die Frischkäsemasse heben. Die Frischkäsemasse auf dem Tortenguss verteilen. Zum Schluss mit den Mandelblättchen bestreuen und die Torte bis zum Servieren kühl stellen. Kurz vor dem Servieren mit Eierlikör streifenartig überziehen.

Einkaufsliste: Kirschtorte mit Eierlikör

- ○ 1 Stck. Butter
- ○ Zucker
- ○ 2 Pck. Vanillinzucker,
- ○ 1 Fläschchen Bittermandelöl
- ○ 2 Eier
- ○ Mehl
- ○ Speisestärke
- ○ 1 Pckg. gemahlene Mandeln
- ○ 1 Pck. Backpulver
- ○ 1 Glas entsteinte Sauerkirschen
- ○ 1 Pck. roter Tortenguss
- ○ 1 Pckg. Mandelplättchen
- ○ 200 g Doppelrahmfrischkäse
- ○ 2 Becher Schlagsahne (à 200 ml)
- ○ 1 kleine Flasche Eierlikör

Was noch?

- ○ ______
- ○ ______
- ○ ______
- ○ ______
- ○ ______
- ○ ______
- ○ ______
- ○ ______
- ○ ______
- ○ ______
- ○ ______
- ○ ______

Orangenkuchen

Zutaten

- 150 g Butter
- 150 g Zucker
- 3 Eier
- ½ TL abgeriebene Schale von einer unbehandelten Zitrone
- 75 g Marzipanrohmasse
- 175 g Mehl
- 1 gehäufter EL Speisestärke
- 1 TL Backpulver
- 450 g Orangenmarmelade
- 2 unbehandelte Orangen
- 125 g Kokosraspel

Butter und Zucker schaumig schlagen. Nach und nach Eier, geriebene Zitronenschale und die sehr fein gehackte Marzipanrohmasse hinzufügen. Mehl, Speisestärke und Backpulver miteinander vermischen und ebenfalls langsam unter die Masse rühren. Alles zu einem geschmeidigen Teig verarbeiten und in eine beschichtete Springform füllen. Im vorgeheizten Backofen bei 180 °C ca. 50 bis 60 Minuten backen.

Den Kuchen aus der Form lösen, abkühlen lassen und quer halbieren. Ca. ⅓ der Marmelade auf dem unteren Boden verstreichen und die zweite Teigplatte auflegen. Die restliche Marmelade erwärmen. Nun den gesamten Kuchen mit warmer Marmelade bestreichen.

Orangen schälen, in dünne Scheiben schneiden und den Kuchen damit belegen. Die Orangenscheiben mit der restlichen Orangenmarmelade glasieren. Den Rand des Kuchens mit Kokosraspeln bestreuen.

Einkaufsliste: Orangenkuchen

- ○ 1 Stck. Butter
- ○ Zucker
- ○ 3 Eier
- ○ 1 Zitrone
- ○ 1 Pckg. Marzipan-rohmasse
- ○ Mehl
- ○ Speisestärke
- ○ 1 Pck. Backpulver
- ○ 450 g Orangen-marmelade
- ○ 2 Orangen
- ○ 1 Pckg. Kokosraspel

Was noch?

- ○ ____________________
- ○ ____________________
- ○ ____________________
- ○ ____________________
- ○ ____________________
- ○ ____________________
- ○ ____________________
- ○ ____________________
- ○ ____________________
- ○ ____________________
- ○ ____________________
- ○ ____________________

Rotweinkuchen

Zutaten

- 200 g weiche Butter
- 200 g Zucker
- 1 EL Vanillinzucker
- 4 Eier
- 1 EL Kakao
- 1 TL Zimt
- 1 EL Rum
- 250 g Mehl
- ½ Pck. Backpulver
- 125 ml Rotwein
- 150 g Schokoraspeln
- 150 g Schokoladen-glasur

Alle Zutaten bis auf die Schokoladenglasur zu einem geschmeidigen Rührteig verarbeiten. Den Teig in eine beschichtete Kastenform füllen. Im Backofen auf mittlerer Schiene bei 175 °C ca. 50 Minuten backen. Dann auf ein Kuchengitter stürzen und auskühlen lassen.

Im heißen Wasserbad die Schokoladenglasur schmelzen und den Kuchen damit überziehen.

Einkaufsliste: Rotweinkuchen

- ○ 1 Stck. Butter
- ○ Zucker
- ○ 1 Pck. Vanillinzucker
- ○ 4 Eier
- ○ Kakao
- ○ Zimt
- ○ 1 Miniflasche Rum
- ○ Mehl
- ○ 1 Pck. Backpulver
- ○ 1 Flasche Rotwein
- ○ 1 Pckg. Schokoraspeln
- ○ 1 Pckg. Schokoladen-glasur

Was noch?

- ○ ____
- ○ ____
- ○ ____
- ○ ____
- ○ ____
- ○ ____
- ○ ____
- ○ ____
- ○ ____
- ○ ____
- ○ ____
- ○ ____

Schogetten-Sahnetorte

Zutaten
für den BiskuitTeig

- 2 Eier
- 1 Prise Salz
- 40 g Zucker
- 30 g zerlassene Butter
- 60 g Mehl

Für den Belag

- 1 Tafel Vollmilch-Schogetten
- 1 Tafel Zartbitter-Schogetten
- 1 Glas Preiselbeeren
- 5 EL Preiselbeersaft
- 30 g Zucker
- 2 EL Zitronensaft
- 1 Pckg. Gelin (flüssiges Geliermittel)
- 750 ml Sahne

Für den Biskuitteig Eier trennen. Mit dem elektrischen Handrührgerät Eigelb mit Salz und Zucker sehr schaumig schlagen. Das Eiweiß steif schlagen und auf die Eigelb-Creme setzen. Mehl darüber sieben, alles vorsichtig vermischen. Zum Schluss die zerlassene Butter unterrühren. Teig in eine gefettete Tortenbodenform füllen und im vorgeheizten Ofen bei 180 °C ca. 20 bis 25 Minuten goldgelb abbacken. Den Boden aus der Form lösen, auf ein Kuchengitter stürzen, erkalten lassen und einmal quer halbieren. Schokolade im heißen Wasserbad schmelzen und wieder etwas abkühlen lassen. Preiselbeeren abtropfen lassen, mit 5 EL Saft, Zucker, Zitronensaft und ½ Pckg. Gelin verrühren und auf den unteren Boden streichen. Sahne steif schlagen, restliches Gelin unterrühren. Zuerst 2 EL Sahne mit aufgelöster Schokolade verrühren, dann nach und nach unter die Sahnemasse rühren. Die Hälfte der Schokosahne auf die Preiselbeermasse streichen, oberen Boden auflegen. Torte mit restl. Schokosahne bestreichen und nach Belieben verzieren.

Einkaufsliste: Schogetten-Sahnetorte

- ○ 2 Eier
- ○ Salz
- ○ Zucker
- ○ 1 Stck. Butter
- ○ Mehl
- ○ 1 Tafel Vollmilch-Schogetten
- ○ 1 Tafel Zartbitter-Schogetten
- ○ 1 Glas Preiselbeeren
- ○ Zitronensaft
- ○ 1 Pckg. Gelin
- ○ 3 Becher Sahne (à 250 ml)

Was noch?

- ○ ______________________
- ○ ______________________
- ○ ______________________
- ○ ______________________
- ○ ______________________
- ○ ______________________
- ○ ______________________
- ○ ______________________
- ○ ______________________
- ○ ______________________
- ○ ______________________
- ○ ______________________

Kopenhagener Kuchen

Zutaten

- 3 Eier
- 1½ Pck. Vanillinzucker
- 475 g Zucker
- 1½ Tassen Milch
- 200 g Butter
- 1½ Pck. Backpulver
- 450 g Mehl
- 2 EL Kakao

Guss

- 100 g Pflanzenfett (Palmin)
- 150 g Puderzucker
- 3 TL Pulverkaffee
- 1 EL Wasser
- 1½ EL Kakao
- 4 EL Kokosraspel

Eier, Vanillinzucker, Zucker, Milch und die weiche Butter schaumig rühren. Backpulver, Mehl und Kakao miteinander vermischen und mit den übrigen Zutaten vermengen. Alles zu einem geschmeidigen Teig verarbeiten.

Den Teig auf ein mit Backpapier ausgelegtes Backblech streichen und im vorgeheizten Backofen bei 200 °C ca. 30 bis 40 Minuten backen.

Das Pflanzenfett erwärmen, bis es flüssig ist, und mit den übrigen Guss-Zutaten verrühren. Den noch warmen Kuchen mit dem Guss bestreichen. Anschließend mit Kokosraspeln bestreuen.

Einkaufsliste: Kopenhagener Kuchen

- ○ 3 Eier
- ○ 2 Pck. Vanillinzucker
- ○ Zucker
- ○ Milch
- ○ 1 Stck. Butter
- ○ 2 Pck. Backpulver
- ○ Mehl
- ○ Kakao
- ○ 1 Stck. Pflanzenfett (Palmin)
- ○ Puderzucker
- ○ Pulverkaffee
- ○ 1 Pckg. Kokosraspel

Was noch?

- ○ ____________________
- ○ ____________________
- ○ ____________________
- ○ ____________________
- ○ ____________________
- ○ ____________________
- ○ ____________________
- ○ ____________________
- ○ ____________________
- ○ ____________________
- ○ ____________________
- ○ ____________________

Schneller Irish-Cream-Kuchen

Zutaten

- 2 Eier
- 100 Zucker
- 150 g Butter
- 1 Prise Salz
- 1 Pck. Backpulver
- 125 g Mehl
- 30 g Speisestärke
- 200 ml Irish-Cream-Likör
- Puderzucker zum Bestäuben

Eier, Zucker, Butter und Salz schaumig schlagen. Nach und nach das mit dem Backpulver und Speisestärke vermischte Mehl einrieseln lassen. Zum Schluss den Likör unterrühren.

Den Teig in eine gefettete Kastenform füllen und im Backofen bei 180 °C ca. 60 Minuten backen.

Nach dem Backen den Kuchen auf ein Kuchengitter stürzen, erkalten lassen und vor dem Servieren mit Puderzucker bestäuben.

Einkaufsliste: Schneller Irish-Cream-Kuchen

- ○ 2 Eier
- ○ Zucker
- ○ 1 Stck. Butter
- ○ Salz
- ○ 1 Pck. Backpulver
- ○ Mehl
- ○ Speisestärke
- ○ Irish-Cream-Likör
- ○ Puderzucker

Was noch?

- ○ ____
- ○ ____
- ○ ____
- ○ ____
- ○ ____
- ○ ____
- ○ ____
- ○ ____
- ○ ____
- ○ ____
- ○ ____
- ○ ____

Apfeltorte mit Calvados

Zutaten

- 200 g Mehl
- 80 g Zucker
- 100 g Butter
- 1 TL Backpulver
- 1 Prise Salz
- 1 Pck. Vanillinzucker
- 1 Ei
- 1 EL Milch

Für den Belag

- 4 Äpfel
- 1 dl Calvados
- 2 EL Zucker
- 1 TL Zimt
- 1 Pck. Tortenguss, rot
- Saft einer halben Zitrone

Aus den erstgenannten Zutaten einen Mürbeteig kneten und mindestens 30 Minuten kalt stellen. Dann den Teig auf einer bemehlten Arbeitsplatte zu einem Kreis ausrollen und damit den Boden einer eingefetteten Springform belegen. Mehrmals mit der Gabel den Teigboden einstechen. Die Äpfel schälen, vierteln, entkernen und in ca. 1 cm dicke Scheiben schneiden. Zitronensaft mit Calvados, Zimt und Zucker verrühren und die Apfelscheiben darin ca. 20 Minuten ziehen lassen. Dann die Apfelscheiben auf dem Boden verteilen. Die Marinade zur Seite stellen.

Im Backofen bei 180 °C ca. 40 bis 50 Minuten auf mittlerer Schiene backen.

Nach dem Backen den Kuchen abkühlen lassen. Tortenguss nach Packungsangabe unter Zugabe der Calvadosmarinade und etwas Wasser herstellen und über dem Kuchen verteilen. Vor dem Servieren den Kuchen 2 Stunden in den Kühlschrank stellen, damit der Tortenguss schnittfest wird.

Einkaufsliste: Apfeltorte mit Calvados

- ○ Mehl
- ○ Zucker
- ○ 1 Stck. Butter
- ○ 1 Pck. Backpulver
- ○ Salz
- ○ 1 Pck. Vanillinzucker
- ○ 1 Ei
- ○ Milch
- ○ 4 Äpfel
- ○ 1 kleine Flasche Calvados
- ○ Zimt
- ○ 1 Pck. Tortenguss, rot
- ○ 1 Zitrone

Was noch?

○ ______

○ ______

○ ______

○ ______

○ ______

○ ______

○ ______

○ ______

○ ______

○ ______

○ ______

○ ______

Kirsch-Marzipan-Kuchen

Zutaten

- 1 Glas Schattenmorellen
- 4 Eier
- 200 g Zucker
- 125 g Butter
- 1 Pck. Vanillinzucker
- 1 Prise Salz
- 300 g Mehl
- 2 TL Backpulver
- 250 g Marzipanrohmasse

Für die Zitronenglasur

- 250 g Puderzucker
- 1 EL Zitronensaft
- ca. 3 EL Wasser

Die Kirschen über einem Sieb abtropfen lassen. Eier, Zucker, Butter, Vanillinzucker und Salz schaumig schlagen. Nach und nach das mit dem Backpulver vermischte Mehl einrieseln lassen. Die gut abgetropften Kirschen und die in sehr feine Würfel geschnittene Marzipanmasse vorsichtig unter den Teig rühren.

Eine Kastenform mit Backpapier auslegen und den Teig einfüllen. Im Backofen bei 180 °C ca. 60 bis 70 Minuten backen.

Aus Puderzucker, Zitronensaft und Wasser eine Zitronenglasur anrühren und den völlig erkalteten Kuchen damit überziehen.

Einkaufsliste: Kirsch–Marzipan-Kuchen

- ○ 1 Glas Schattenmorellen
- ○ 4 Eier
- ○ Zucker
- ○ 1 Stck. Butter
- ○ 1 Pck. Vanillinzucker
- ○ Salz
- ○ Mehl
- ○ 1 Pck. Backpulver
- ○ 250 g Marzipanrohmasse
- ○ 1 Pckg. Puderzucker
- ○ 1 Zitrone

Was noch?

- ○ ____________________
- ○ ____________________
- ○ ____________________
- ○ ____________________
- ○ ____________________
- ○ ____________________
- ○ ____________________
- ○ ____________________
- ○ ____________________
- ○ ____________________
- ○ ____________________
- ○ ____________________

Bananencreme-Torte

Zutaten für den Teig

- 4 Eier
- 170 g Zucker
- 1 Prise Salz
- 60 g Mehl
- 80 g Speisestärke
- ½ TL Backpulver

Für die Creme

- 250 g Schlagsahne
- 1 Pck. Vanillinzucker
- ⅛ l Milch
- 3 TL Speisestärke
- 1 Prise Salz
- 1 EL Zucker
- 50 g Butter
- 4 Bananen
- 250 g Marzipanrohmasse
- 2 EL Kakao
- Puderzucker
- Saft einer Zitrone

Eier, Zucker und Salz schaumig schlagen. Mehl, Speisestärke und Backpulver miteinander vermischen und alle Zutaten zu einem geschmeidigen Teig verarbeiten. Den Teig in eine beschichtete Springform füllen und im vorgeheizten Ofen auf der mittleren Schiene ca. 25 Minuten bei 200 °C backen. Anschließend auskühlen lassen und zweimal waagerecht teilen. Die Sahne mit dem Vanillinzucker steif schlagen. Aus Milch, Speisestärke, Salz und Zucker eine Creme kochen. Butter in Flocken unterrühren. Um den ersten Boden einen Tortenring legen, die Creme darauf verstreichen und mit dem zweiten Boden abdecken. Darauf ein Drittel der Schlagsahne streichen und diese mit Bananenscheiben belegen (für die Deko einige Scheiben zur Seite legen). Den letzten Boden auflegen. Die Torte mit der restlichen Sahne überziehen.

Marzipanrohmasse auf einer mit Puderzucker bestreuten Fläche mit Kakao verkneten und rund ausrollen. Mit dieser Marzipanplatte die Torte überziehen. Rand mit Zitronensaft bestreichen. Die Marzipanplatte mit Bananenscheiben garnieren.

Einkaufsliste: Bananencreme-Torte

- ○ 4 Eier
- ○ Zucker
- ○ Salz
- ○ Mehl
- ○ Speisestärke
- ○ 1 Pck. Backpulver
- ○ 1 Becher (250 ml) Schlagsahne
- ○ 1 Pck. Vanillinzucker
- ○ Milch
- ○ 1 Stck. Butter
- ○ 4 Bananen
- ○ 250 g Marzipan-rohmasse
- ○ Kakao
- ○ Puderzucker
- ○ 1 Zitrone

Was noch?

○ ____________________

○ ____________________

○ ____________________

○ ____________________

○ ____________________

○ ____________________

○ ____________________

○ ____________________

○ ____________________

○ ____________________

○ ____________________

○ ____________________

Kiwitorte

Zutaten

- 100 g Mehl
- 50 g Butter
- 1 Eigelb
- 25 g Zucker
- 1 Pck. Vanillinzucker
- 9 Blatt weiße Gelatine
- 2 EL Zitronensaft
- 50 g Puderzucker
- 250 ml Eierlikör
- 500 ml Sahne
- 3 Kiwis, geschält und in Scheiben geschnitten
- 2 EL Mandelblätter

Aus Mehl, Butter, Eigelb, Zucker, Vanillinzucker und Zitronensaft einen Teig kneten und 30 Minuten kalt stellen. Dann den Boden einer beschichteten Springform mit dem Teig auslegen und auf der mittleren Schiene ca. 20 Minuten bei 200 °C backen.

Die Gelatine nach Packungsanweisung in kaltem Wasser einweichen. Mit dem Mixer Puderzucker und Eierlikör verrühren und die ausgedrückte Gelatine hinzufügen. Alles gründlich verrühren, bis sich die Gelatine völlig gelöst hat, anschließend für ca. 20 Minuten kalt stellen. Die Schlagsahne steif schlagen und unter die Eierlikörmasse heben. Die Creme auf dem inzwischen völlig ausgekühlten Boden verteilen und mit Kiwischeiben und Mandelblätter garnieren.

Vor dem Servieren einige Stunden im Kühlschrank kalt stellen.

Einkaufsliste: Kiwitorte

- ○ Mehl
- ○ 1 Stck. Butter
- ○ 1 Ei
- ○ Zucker
- ○ 1 Pck. Vanillinzucker
- ○ 2 Pckg. weiße Blattgelatine
- ○ 1 Zitrone
- ○ Puderzucker
- ○ 1 kleine Flasche Eierlikör
- ○ 2 Becher (à 250 ml) Sahne
- ○ 3 Kiwis
- ○ 1 Tüte Mandelblätter

Was noch?

- ○ ______________________
- ○ ______________________
- ○ ______________________
- ○ ______________________
- ○ ______________________
- ○ ______________________
- ○ ______________________
- ○ ______________________
- ○ ______________________
- ○ ______________________
- ○ ______________________
- ○ ______________________

Prasselkuchen mit Pflaumenmus

Zutaten

- 4 Scheiben à 75 g TK-Blätterteig
- 200 g Mehl
- 75 g Zucker
- 125 g Butter
- ½ TL Zimt
- 1 Prise Salz
- 250 g Pflaumenmus
- 100 g Puderzucker
- 3 EL Zitronensaft

Die Blätterteigscheiben auf einer Arbeitsfläche nebeneinander legen und auftauen lassen. Mehl, Zucker, Butter, Zimt und Salz mit den Knethaken des Handrührgerätes zu Streuseln verarbeiten. Blätterteigscheiben vierteln, die einzelnen Teile auf einem mit Backpapier ausgelegten Backblech nebeneinander anordnen und mehrmals mit einer Gabel einstechen. Jedes Teil jeweils mit 1 EL Pflaumenmus bestreichen und gleichmäßig mit Streuseln belegen.

Im vorgeheizten Backofen bei 220 °C ca. 10 Min. goldbraun backen. Herausnehmen und auf einem Kuchengitter auskühlen lassen.

Puderzucker und Zitronensaft verrühren, dabei aufpassen, dass keine Klümpchen zurückbleiben. Den Zuckerguss auf die inzwischen erkalteten Kuchenteile streichen.

Einkaufsliste: Prasselkuchen mit Pflaumenmus

- ○ 1 Pckg. TK-Blätterteig
- ○ Mehl
- ○ Zucker
- ○ 1 Stck. Butter
- ○ Zimt
- ○ Salz
- ○ 1 großes Glas Pflaumenmus
- ○ Puderzucker
- ○ Zitronensaft

Was noch?

- ○ ____________________
- ○ ____________________
- ○ ____________________
- ○ ____________________
- ○ ____________________
- ○ ____________________
- ○ ____________________
- ○ ____________________
- ○ ____________________
- ○ ____________________
- ○ ____________________
- ○ ____________________

Butterkuchen

Zutaten

- 175 g Quark
- 7 EL Milch
- 6 EL Öl
- 100 g Zucker
- 1 Prise Salz
- 1 Pck. Vanillinzucker
- 350 g Mehl
- 1 Pck. Backpulver
- 150 g Butter
- 175 g Hagelzucker

Quark, Milch und Öl cremig schlagen. Zucker, Salz und Vanillinzucker hinzufügen und alles gut verrühren. Mehl mit dem Backpulver vermischen und langsam unter die Quarkmasse sieben. Gesamten Teig gründlich durchkneten. Ein Backblech mit Backpapier auslegen. Den Teig auf dem Backblech ausrollen und mit zerlassener Butter beträufeln. Zum Schluss mit Hagelzucker bestreuen.

Im Backofen auf mittlerer Schiene bei 175 °C ca. 15 bis 30 Minuten backen.

Einkaufsliste: Butterkuchen

- ○ 1 Becher Quark
- ○ Milch
- ○ Öl
- ○ Zucker
- ○ Salz
- ○ 1 Pck. Vanillinzucker
- ○ Mehl
- ○ 1 Pck. Backpulver
- ○ 1 Stck. Butter
- ○ 1 Pckg. Hagelzucker

Was noch?

- ○ ______________________
- ○ ______________________
- ○ ______________________
- ○ ______________________
- ○ ______________________
- ○ ______________________
- ○ ______________________
- ○ ______________________
- ○ ______________________
- ○ ______________________
- ○ ______________________
- ○ ______________________

Gewürzkuchen

Zutaten

- 350 g Zucker
- 5 Eier, getrennt
- 125 g Butter
- 1 Tasse Milch
- 1 Pck. Backpulver
- 350 g Mehl
- 125 g geriebene Zartbitterschokolade
- je eine Messerspitze Nelken, Zimt und Muskat
- 125 g Puderzucker
- 3 EL Weinbrand oder Rum

Zucker, Eigelb und Butter schaumig rühren. Nach und nach die Milch hinzufügen. Dann das mit dem Backpulver vermischte Mehl, die geriebene Schokolade, Gewürze und zum Schluss das steif geschlagene Eiweiß unterheben. Den Teig in eine gefettete und mit Paniermehl eingestreute Kastenform füllen und im vorgeheizten Backofen bei 170 °C ca. 60 Minuten backen. Anschließend auf ein Kuchengitter stürzen und abkühlen lassen.

Aus Puderzucker und Rum einen Guss anrühren und auf dem Kuchen verteilen.

Einkaufsliste: Gewürzkuchen

- ○ Zucker
- ○ Mehl
- ○ 1 Stck. Butter
- ○ 1 Tafel Zartbitterschokolade
- ○ 5 Eier
- ○ Milch
- ○ 1 Pck. Backpulver
- ○ gemahlene Nelken, Zimt und Muskat
- ○ Puderzucker
- ○ 1 Miniflasche Weinbrand oder Rum

Was noch?

- ○ __________
- ○ __________
- ○ __________
- ○ __________
- ○ __________
- ○ __________
- ○ __________
- ○ __________
- ○ __________
- ○ __________
- ○ __________
- ○ __________

Apfelkuchen mit Zimtbutter

Zutaten

- 500 g Mehl
- 2 Eier
- ¼ Liter Milch
- 40 g Hefe
- 50 g Zucker
- 75 g Butter
- Semmelbrösel

Für den Belag

- 200 g weiche Butter
- 1 gehäufter TL Zimt
- 1 Messerspitze Salz
- 6 Äpfel
- Zitronensaft
- 150 g brauner Zucker

Die Zutaten für den Teig miteinander vermischen und so lange mit dem Mixer schlagen, bis er sich zu einem Ball zusammenrollt. Er sollte leicht klebrig sein, sonst ist er zu nass oder zu trocken. Dann an einen warmen Ort stellen und gehen lassen.

Ein Backblech einfetten und mit Semmelbrösel bestreuen. Den Hefeteig darauf ausrollen und mit dem Kochlöffelstiel Löcher im Abstand von ca. 5 cm hineinstechen. Den Hefeteig abdecken und noch einmal gehen lassen. Sollten sich die Löcher zusammengezogen haben, nochmals einstechen. Die fast flüssige Butter mit dem Zimt mischen. Die Äpfel grob raspeln und in einer Schüssel mit Zitrone verrühren. Jetzt die Butter mit einem Teelöffel in die Löcher auf dem Hefeteig geben und die Apfelraspel gleichmäßig darauf verteilen. Zum Schluss mit dem braunen Zucker bestreuen.

Im Backofen bei 180 °C ca. 30 bis 35 Minuten backen.

Einkaufsliste: Apfelkuchen mit Zimtbutter

- ○ Mehl
- ○ 2 Eier
- ○ Milch
- ○ 1 Würfel Hefe (42 g)
- ○ Zucker
- ○ 2 Stck. Butter
- ○ Zimt
- ○ Salz
- ○ 6 Äpfel
- ○ Zitronensaft
- ○ 1 Pckg. brauner Zucker

Was noch?

- ○ ____________________
- ○ ____________________
- ○ ____________________
- ○ ____________________
- ○ ____________________
- ○ ____________________
- ○ ____________________
- ○ ____________________
- ○ ____________________
- ○ ____________________
- ○ ____________________
- ○ ____________________

Milchkaffee-Kuchen

Zutaten

- 125 g Butter
- 200 g Zucker
- 1 Pck. Vanillinzucker
- 3 Eier, getrennt
- 100 g gemahlene Haselnüsse
- 150 g Mehl
- 2 TL Backpulver
- ¼ l starker, kalter Kaffee
- 1 Prise Salz
- 400 ml Sahne
- 2 Pck. Sahnesteif
- 2 Pck. Vanillinzucker
- 150 g Schokoraspel

Butter, Zucker, Vanillinzucker und Eigelb schaumig schlagen. ⅛ l Kaffee, Nüsse, Mehl und Backpulver miteinander vermischen und unter die Eigelbmasse rühren. ⅛ l kalten Kaffee hinzufügen und alles zu einem geschmeidigen Teig verarbeiten. Eiweiß und Salz steif schlagen und unter den Teig heben. Eine Springform mit Backpapier auslegen und den Teig einfüllen. Im Backofen bei 180 °C ca. 40 Minuten auf der mittleren Schiene backen. Sofort aus dem Ofen nehmen und mit einem Holzstäbchen mehrmals einstechen und den Kuchen anschließend mit dem restlichen Kaffee beträufeln. Nun völlig erkalten lassen.

In der Zwischenzeit Sahne mit dem Sahnesteif und Vanillinzucker steif schlagen, auf den inzwischen erkalteten Kuchen streichen und mit Schokoraspeln bestreuen.

Einkaufsliste: Milchkaffee-Kuchen

- ○ 1 Stck. Butter
- ○ Zucker
- ○ 3 Pck. Vanillinzucker
- ○ 3 Eier
- ○ 1 Tüte gemahlene Haselnüsse
- ○ Mehl
- ○ 1 Pck. Backpulver
- ○ Kaffeepulver
- ○ Salz
- ○ 2 Becher (à 200 ml) Sahne
- ○ 2 Pck. Sahnesteif
- ○ 150 g Schokoraspeln

Was noch?

- ○ ______
- ○ ______
- ○ ______
- ○ ______
- ○ ______
- ○ ______
- ○ ______
- ○ ______
- ○ ______
- ○ ______
- ○ ______
- ○ ______

Apfel-Quarkkuchen

Zutaten

- 400 g Mehl
- 200 g Butter
- 150 g Zucker
- 2,5 kg Äpfel

Belag

- 4 Eier
- 150 g Zucker
- 500 g Quark
- 2 Pck. Puddingpulver
- 2 TL Zimt

Mehl, Butter und Zucker mit dem Knethaken zu Streuseln verarbeiten. Eventuell etwas kaltes Wasser unterkneten. Teig eine halbe Stunde kalt stellen. Inzwischen Äpfel schälen, entkernen und in Spalten schneiden. Die Eier trennen und das Eiweiß mit dem Mixer oder Schneebesen zu steifem Schnee schlagen, dann den Zucker 2 Minuten unterschlagen. Quark, Puddingpulver und die Eigelb locker unter den Schnee heben. Ein gefettetes Blech mit dem Mürbeteig auskleiden, die Quarkmasse überziehen und die Apfelspalten auf dem Belag anordnen. Zum Schluss den Kuchen mit Zimt bestreuen.

Im Backofen auf mittlerer Schiene bei 180 °C ca. 50 bis 60 Minuten backen.

Einkaufsliste: Apfel-Quarkkuchen

- ○ Mehl
- ○ Zucker
- ○ 1 Stck. Butter
- ○ 2,5 kg Äpfel
- ○ 1 großer Becher Quark
- ○ 4 Eier
- ○ 2 Pck. Puddingpulver
- ○ Zimt

Was noch?

○ ______________________________

○ ______________________________

○ ______________________________

○ ______________________________

○ ______________________________

○ ______________________________

○ ______________________________

○ ______________________________

○ ______________________________

○ ______________________________

○ ______________________________

○ ______________________________

Herrentorte

Zutaten für den Boden

- 200 g Zucker
- 1 Pck. Vanillinzucker
- 4 Eier
- 4 EL Wasser
- 200 g Mehl
- 1 TL Backpulver

Füllung

- 1 Tasse heißer, starker Kaffee
- 200 g Blockschokolade
- 20 ml Rum
- 600 ml Sahne
- 1 Pck. Vanillinzucker
- Schokobohnen

Für den Biskuitteig Zucker, Vanillinzucker, Eier und Wasser schaumig rühren. Anschließend nach und nach das mit dem Backpulver vermischte Mehl unterrühren. Den Teig in eine beschichtete Springform füllen und im vorgeheizten Backofen bei 190 °C ca. 25 bis 30 Minuten backen. Wenn der Boden ausgekühlt ist, das obere Drittel abschneiden und zur Seite legen. Den restlichen Boden aushöhlen, so dass ein Rand und ein Boden stehen bleibt. Den ausgehöhlten Kuchenteig zerkrümeln. Die Blockschokolade fein raspeln und im heißen Kaffee schmelzen lassen. Wenn sich die Schokolade aufgelöst hat, den Rum hinzufügen und alles mit den Kuchenkrümeln vermengen. Die leicht abgekühlte Masse in die Kuchenaushöhlung füllen. Sahne mit dem Vanillinzucker steif schlagen und die Hälfte davon auf die Füllung streichen. Nun den Tortendeckel aufsetzen und mit der restlichen Sahne bestreichen. Mit Schokobohnen den Kuchen verzieren.

Einkaufsliste: Herrentorte

- ○ Zucker
- ○ 2 Pck. Vanillinzucker
- ○ 4 Eier
- ○ Mehl
- ○ 1 Pck. Backpulver
- ○ Kaffeepulver
- ○ 200 g Blockschokolade
- ○ 1 Miniflasche Rum
- ○ 3 Becher Sahne (à 200 ml)
- ○ 1 Pckg. Schokobohnen

Was noch?

- ○ ____________________
- ○ ____________________
- ○ ____________________
- ○ ____________________
- ○ ____________________
- ○ ____________________
- ○ ____________________
- ○ ____________________
- ○ ____________________
- ○ ____________________
- ○ ____________________
- ○ ____________________

Punschtorte

Zutaten für den Teig

- 65 g Mehl
- 30 g Zucker
- 40 g Butter
- 1 TL Vanillinzucker
- 1 Prise Salz
- 1 Eigelb
- 1 ½ TL Kakao
- 1 TL Rum

Für die Füllung

- 200 ml Weißwein
- 1 ½ EL Zucker
- 20 g Speisestärke
- 1 Eigelb
- 1 ½ TL Rum

Zum Verzieren

- 4 EL geschlagene Sahne
- Schokoladenraspel

Alle Zutaten für den Teig miteinander verkneten und 30 Minuten im Kühlschrank ruhen lassen. Danach den Teig auf einer bemehlten Arbeitsplatte zu einem Kreis ausrollen und den eingefetteten Springformboden mit der Teigplatte belegen, dabei einen kleinen Rand hochziehen. Im Backofen bei 225 °C ca. 25 Minuten backen. Anschließend völlig erkalten lassen.

In der Zwischenzeit in einem Kochtopf Weißwein, Zucker und Speisestärke verrühren und langsam zum Kochen bringen. Mit Eigelb legieren und mit Rum abschmecken. Die Punschcreme auf den Tortenboden füllen und im Kühlschrank abkühlen lassen.

Mit Sahnetupfen und Schokoladenraspeln verzieren.

Einkaufsliste: Punschtorte

- ○ Mehl
- ○ Zucker
- ○ 1 Stck. Butter
- ○ 1 Pck. Vanillinzucker
- ○ Salz
- ○ 2 Eier
- ○ Kakao
- ○ 1 Miniflasche Rum
- ○ 1 Flasche Weißwein
- ○ Speisestärke
- ○ 1 Becher (200 ml) Sahne
- ○ 1 Pckg. Schokoladenraspel

Was noch?

- ○ ______
- ○ ______
- ○ ______
- ○ ______
- ○ ______
- ○ ______
- ○ ______
- ○ ______
- ○ ______
- ○ ______
- ○ ______
- ○ ______

Limetten-Mohnkuchen

Zutaten

- 225 g Butter
- 1 Prise Salz
- 125 g Zucker
- 4 Eier
- 375 g Mehl
- 1 Pck. Backpulver
- 100 g Schlagsahne
- 250 g Mohnback
- 2 Limetten
- 150 g Puderzucker
- 1 EL Zitronensaft
- Semmelbrösel

Butter, Zucker, Salz und Eier schaumig rühren, dann das mit dem Backpulver vermischte Mehl einrieseln lassen und alles zu einem glatten Teig verarbeiten. Sahne schlagen und vorsichtig unter den Teig heben. Den Teig in zwei Hälften teilen. Limetten gründlich waschen, abbürsten, die Schale abreiben und den Saft auspressen. Unter die eine Hälfte des Teiges nun die geriebene Limettenschale und den Saft rühren und unter die die andere Teighälfte Mohnback heben.

Eine Napfkuchenform gründlich einfetten und mit Semmelbrösel bestreuen. Zuerst den Mohnteig und dann den Limettenteig einfüllen. Anschließend eine Gabel durch den Teig ziehen, so dass eine Teigverschiebung entsteht. Im Backofen auf der mittleren Schiene bei 180 °C ca. 50 bis 60 Minuten backen. Etwas abkühlen lassen und den Kuchen auf ein Kuchengitter stürzen. Aus Puderzucker und Zitronensaft eine Glasur anrühren und den inzwischen völlig erkalteten Kuchen damit überziehen.

Einkaufsliste: Limetten-Mohnkuchen

- ○ 1 Stck. Butter
- ○ Salz
- ○ Zucker
- ○ 4 Eier
- ○ Mehl
- ○ 1 Pck. Backpulver
- ○ 1 kleiner Becher Schlagsahne
- ○ 250 g Mohnback
- ○ 2 Limetten
- ○ Puderzucker
- ○ Zitronensaft

Was noch?

- ○ ____
- ○ ____
- ○ ____
- ○ ____
- ○ ____
- ○ ____
- ○ ____
- ○ ____
- ○ ____
- ○ ____
- ○ ____
- ○ ____

Apfelstrudel

Zutaten für den Teig

- 350 g Mehl
- 1 Ei
- 60 g Butter
- 1 TL Essig
- ½ TL Salz
- 9 EL Wasser

Füllung

- 100 g Rosinen
- 2 EL Rum
- 1,5 kg Äpfel
- 150 g Zucker
- 1 TL Zimt
- 20 g Butter
- Puderzucker

Die Rosinen über Nacht in 3 EL Rum einweichen.

Am nächsten Tag alle Teigzutaten der Reihe nach zu einem Knetteig verarbeiten, in Folie wickeln und ca. 30 Minuten im Kühlschrank ruhen lassen. In der Zwischenzeit die Äpfel schälen, entkernen und in dünne Scheibchen schneiden. In einer Schüssel die Apfelscheibchen mit den abgetropften Rumrosinen, Zucker und Zimt vermischen.

Den Teig auf einem bemehlten Geschirrtuch hauchdünn zu einem Rechteck ausrollen und mit der Apfelmasse belegen. Nun den Teig mit Hilfe des Geschirrtuches aufrollen und an den Enden zusammendrücken. Ein Backblech mit Backpapier auslegen und mit flüssiger Butter bestreichen. Im Backofen bei 200 °C ca. 35 bis 40 Minuten backen und vor dem Servieren mit Puderzucker bestäuben.

Einkaufsliste: Apfelstrudel

- ○ Mehl
- ○ 1 Ei
- ○ 1 Stck. Butter
- ○ Essig
- ○ Salz
- ○ 1 Tüte Rosinen
- ○ Rum
- ○ 1,5 kg Äpfel
- ○ Zucker
- ○ Zimt
- ○ Puderzucker

Was noch?

- ○ ____________________
- ○ ____________________
- ○ ____________________
- ○ ____________________
- ○ ____________________
- ○ ____________________
- ○ ____________________
- ○ ____________________
- ○ ____________________
- ○ ____________________
- ○ ____________________
- ○ ____________________

Glühweintorte

Zutaten

- 150 g Butter
- 300 g Zucker
- 5 Eier
- 1 Prise Nelkenpulver
- 1 TL Zimt
- 3 EL Kakao
- Muskatnuss
- 300 g Mehl
- 1 Pck. Backpulver
- 125 ml Glühwein

Für die Füllung

- 2 Pck. Schokoladen-pudding-Pulver (ohne Kochen)
- ¾ l Glühwein
- 8 Blätter weiße Gelatine
- 600 ml Schlagsahne
- 2 Pck. Vanillinzucker
- Puderzucker

Butter, Zucker und Eigelb schaumig rühren, nach und nach die Gewürze hinzufügen. Mehl mit Backpulver vermischen und einrieseln lassen. Zum Schluss den kalten Glühwein unterrühren, Eiweiße steif schlagen und vorsichtig unter die Masse heben.

Eine Springform einfetten und den Teig einfüllen. Im Backofen bei 180 °C ca. 60 Minuten backen und danach abkühlen lassen.

Für die Füllung in der Zwischenzeit das Instant-Puddingpulver mit dem Glühwein verrühren. Die Blattgelatine nach Packungsanweisung einweichen, ausdrücken und in der Glühwein-Puddingcreme auflösen. Schlagsahne mit Vanillinzucker steif schlagen und vorsichtig unter die Creme heben.

Den erkalteten Tortenboden zweimal durchschneiden. Um den unteren Boden einen Tortenring legen und diesen mit zwei Drittel der Creme bestreichen. Den oberen Teil auflegen und die restliche Creme darauf glatt verstreichen. Vor dem Servieren mehrere Stunden im Kühlschrank fest werden lassen. Mit Puderzucker bestäuben.

Einkaufsliste: Glühweintorte

- ○ 1 Stck. Butter
- ○ Zucker
- ○ 5 Eier
- ○ Nelkenpulver
- ○ gemahlener Zimt
- ○ Kakao
- ○ gemahlene Muskatnuss
- ○ Mehl
- ○ 1 Pck. Backpulver
- ○ 1 l Glühwein
- ○ 2 Pck. Schokoladen-pudding-Pulver (Instant)
- ○ 2 Pckg. Blattgelatine
- ○ 3 Becher (à 200 ml) Schlagsahne
- ○ 2 Pck. Vanillinzucker
- ○ Puderzucker

Was noch?

- ○ ____________________
- ○ ____________________
- ○ ____________________
- ○ ____________________
- ○ ____________________
- ○ ____________________
- ○ ____________________
- ○ ____________________
- ○ ____________________
- ○ ____________________
- ○ ____________________
- ○ ____________________

Negerkusstorte

Zutaten für den Teig

- 4 EL Zucker
- 1 Pck. Vanillinzucker
- 1 EL Essig
- 2 EL Öl
- 3 Eier
- 1 gehäufter TL Backpulver
- 5 gehäufte EL Mehl

Für den Belag

- 12 Negerküsse
- 250 g Speisequark
- 1 EL Zitronensaft
- ½ l Schlagsahne
- 2 Pck. Sahnesteif
- 1 Pck. Vanillinzucker

Zucker, Vanillinzucker, Essig, Öl und die Eier schaumig rühren, dann das mit dem Backpulver vermischte Mehl unterrühren und alles zu einem geschmeidigen Teig verarbeiten. Eine runde Springform einfetten, den Teig einfüllen und bei 150 °C ca. 15 Minuten backen und anschließend abkühlen lassen.

Von den Negerküssen die Waffelböden abnehmen, die Schaummasse mit der Gabel zerdrücken und zusammen mit dem Speisequark und Zitronensaft zu einer glatten Masse verrühren. Schlagsahne mit dem Sahnesteif und Vanillinzucker steif schlagen und vorsichtig unter die Schaum-Quarkmasse heben.

Um den Tortenboden einen Tortenring legen, den Tortenboden mit dem Belag bestreichen und die Torte mit den Waffelböden der Negerküsse verzieren. Im Kühlschrank fest werden lassen.

Einkaufsliste: Negerkusstorte

- ○ Zucker
- ○ 1 Pck. Vanillinzucker
- ○ Essig
- ○ Öl
- ○ 3 Eier
- ○ 1 Pck. Backpulver
- ○ Mehl
- ○ 12 Negerküsse
- ○ 250 g Speisequark
- ○ Zitronensaft
- ○ 2 Becher (à 250 ml) Schlagsahne
- ○ 2 Pck. Sahnesteif

Was noch?

- ○ ____________________
- ○ ____________________
- ○ ____________________
- ○ ____________________
- ○ ____________________
- ○ ____________________
- ○ ____________________
- ○ ____________________
- ○ ____________________
- ○ ____________________
- ○ ____________________
- ○ ____________________

Terrassenkuchen

Zutaten für den Teig

- 5 Eier
- 250 g Zucker
- 1 Pck. Vanillinzucker
- ½ Fläschchen Butter-vanillinaroma
- 125 ml warmes Wasser
- 250 ml Öl
- 375 g Mehl
- 1 Pck. Backpulver
- 3 EL Kakao

Für den Guss

- 150 g gesiebter Puderzucker
- 2 EL Zitronensaft
- 4 EL Wasser

Eier trennen, Eigelb mit Zucker und Vanillinzucker schaumig rühren. Anschließend Aroma, warmes Wasser und Öl unterrühren. Mehl und Backpulver miteinander vermischen und langsam nach und nach unter die Ei-Öl-Masse rühren. Eiweiß sehr steif schlagen und vorsichtig unter den Teig heben. Den Teig nun in zwei Hälften teilen, die eine Hälfte mit dem Kakao verrühren.

Anschließend eine Springform einfetten, dann zuerst zwei Esslöffel des hellen Teiges in die Mitte setzen. In die Mitte des hellen Teiges zwei Esslöffel des dunklen Teiges geben, nicht verteilen. Darauf wieder zwei Esslöffel vom hellen Teig geben und so lange wiederholen, bis der Teig verbraucht ist. Der Teig darf auch zum Schluss nicht glatt gestrichen werden. Nun den Kuchen bei 180 °C ca. für 60 Minuten auf der mittleren Schiene abbacken.

Aus Puderzucker, Zitronensaft und Wasser eine Glasur anrühren und den kalten Kuchen mit Hilfe eines Pinsels damit rundherum bestreichen.

Einkaufsliste: Terrassenkuchen

- ○ 5 Eier
- ○ Zucker
- ○ 1 Pck. Vanillinzucker
- ○ 1 Fläschchen Buttervanillinaroma
- ○ Öl
- ○ Mehl
- ○ 1 Pck. Backpulver
- ○ Kakao
- ○ Puderzucker
- ○ Zitronensaft

Was noch?

- ○ ____________________
- ○ ____________________
- ○ ____________________
- ○ ____________________
- ○ ____________________
- ○ ____________________
- ○ ____________________
- ○ ____________________
- ○ ____________________
- ○ ____________________
- ○ ____________________
- ○ ____________________

Klecks-Kuchen

Zutaten

- 125 g weiche Butter
- 125 g Zucker
- 6 Eier
- 1 Tafel Vollmilch-schokolade
- 125 g geriebene Mandeln
- 125 g Mehl
- 2 TL Backpulver
- 1 Pck. dunkle Schokoladenglasur
- 1 Pck. helle Schokoladenglasur

Butter, Zucker und Eier mit einem Handrührgerät auf mittlerer Stufe gründlich verrühren, bis sich der Zucker völlig gelöst hat. Schokolade klein hacken, zusammen mit den geriebenen Mandeln und dem mit dem Backpulver vermischten Mehl dazugeben und alles auf kleinster Stufe durchrühren.

Eine Springform einfetten, den Boden mit Backpapier auslegen und den Teig einfüllen. Den Teig auf der mittleren Schiene bei 180 °C ca. 40 bis 50 Minuten abbacken.

Nach Beendigung der Backzeit den Kuchen auf einem Kuchengitter abkühlen lassen. Die Schokoglasuren im heißen Wasserbad schmelzen lassen. Zuerst wird die Oberseite des Kuchens mit der hellen Glasur gleichmäßig bestrichen. Einige Minuten warten, bis die Glasur fest geworden ist. Dann mit Hilfe eines Teelöffels mit der dunklen Glasur kleine Kleckse über die helle Glasur verteilen und eventuell etwas verstreichen.

Einkaufsliste: Klecks-Kuchen

- ○ 1 Stck. Butter
- ○ Zucker
- ○ 6 Eier
- ○ 1 Tafel Vollmilchschokolade
- ○ 1 Pckg. geriebene Mandeln
- ○ Mehl
- ○ 1 Pck. Backpulver
- ○ 1 Pckg. dunkle Schokoladenglasur
- ○ 1 Pckg. helle Schokoladenglasur

Was noch?

○ ____________________

○ ____________________

○ ____________________

○ ____________________

○ ____________________

○ ____________________

○ ____________________

○ ____________________

○ ____________________

○ ____________________

○ ____________________

○ ____________________

Bananen-Feinschmecker-Torte

Zutaten
für den Boden

- 125 g Butter
- 75 g Zucker
- 1 Pck. Vanillinzucker
- 2 Eier
- 2 EL Milch
- 2 TL Backpulver
- 150 g Mehl
- etwas Rum für den Boden

Für den Belag

- 4 Bananen
- Saft einer Zitrone
- 1 Pck. Tortenguss, klar
- 600 ml Sahne
- 2 Pck. Sahnesteif
- 2 EL Kakaopulver

Für die Deko

- 12 Geleebananen

Butter, Zucker, Vanillinzucker, Eier und Milch cremig rühren, dann das mit dem Backpulver vermischte Mehl einrieseln lassen und alles zu einem geschmeidigen Teig verarbeiten. Den Teig in eine beschichtete oder eingefettete Springform füllen und im Backofen bei 175 °C ca. 20–30 Minuten backen. Nach dem Erkalten den Boden mit Rum beträufeln. Die Bananen längs halbieren und mit Zitronensaft beträufeln. Den Boden damit belegen. Den Tortenguss nach Vorschrift zubereiten und über die Bananen geben. Die Sahne, Sahnesteif und Kakao steif schlagen und kuppelartig über die Bananen streichen. Mit Geleebananen dekorieren.

Einkaufsliste: Bananen-Feinschmecker-Torte

- ○ 1 Stck. Butter
- ○ Zucker
- ○ 1 Pck. Vanillinzucker
- ○ 2 Eier
- ○ Milch
- ○ 1 Pck. Backpulver
- ○ Mehl
- ○ 1 Miniflasche Rum
- ○ 4 Bananen
- ○ 1 Zitrone
- ○ 1 Pck. Tortenguss, klar
- ○ 3 Becher Sahne (à 200 ml)
- ○ 2 Pck. Sahnesteif
- ○ Kakaopulver
- ○ 1 Pckg. Geleebananen (mindestens 12 Stck.)

Was noch?

○ ________________

○ ________________

○ ________________

○ ________________

○ ________________

○ ________________

○ ________________

○ ________________

○ ________________

○ ________________

○ ________________

○ ________________

Napoleon-Torte

Zutaten für den Teig

- 8 Eier
- 125 g Zucker
- 1 Pck. Vanillinzucker
- 100 g Mehl
- 2 TL Backpulver
- 125 g gem. Mandeln
- 125 g Kokosraspel

Für die Füllung

- 2 Tafeln Zartbitterschokolade
- ½ l Sahne
- ⅛ l Espresso
- 4 EL Weinbrand

Für die Deko

- 100 g Schokoglasur
- Mokkabohnen

Eier trennen. Mit dem Handrührgerät auf höchster Stufe Eigelb, Vanillinzucker und Zucker schaumig rühren. Mehl mit Backpulver vermischen und langsam unter die Eimasse rühren. Dann die Mandeln und Kokosraspel mit dem steif geschlagenen Eiweiß unter den Teig heben. Den Teig in eine gefettete Springform füllen und bei 175 °C ca. 40 Minuten backen.

Anschließend aus der Form lösen und auf einem Kuchengitter abkühlen lassen. In einem Topf die Sahne mit der zerkleinerten Schokolade schmelzen und unter gelegentlichem Rühren abkühlen lassen. Die Schokosahne mit dem Schaumschläger schaumig schlagen. Den Kuchen waagerecht durchschneiden. Die Böden mit kaltem Espresso und Weinbrand beträufeln. Den unteren Boden mit Schokosahne bestreichen. Den zweiten Boden auflegen, mit der im heißen Wasserbad geschmolzenen Schokoglasur überziehen und mit Mokkabohnen garnieren.

Einkaufsliste: Napoleon-Torte

- ○ 8 Eier
- ○ Zucker
- ○ 1 Pck. Vanillinzucker
- ○ Mehl
- ○ 1 Pck. Backpulver
- ○ 1 Tüte gemahlene Mandeln
- ○ 1 Tüte Kokosraspel
- ○ 2 Tafeln Zartbitterschokolade
- ○ 1 Becher (250 ml) Sahne
- ○ Espressopulver
- ○ 1 Miniflasche Weinbrand
- ○ 1 Pckg. Schokoglasur
- ○ Mokkabohnen

Was noch?

- ○ __________
- ○ __________
- ○ __________
- ○ __________
- ○ __________
- ○ __________
- ○ __________
- ○ __________
- ○ __________
- ○ __________
- ○ __________
- ○ __________

Nougatkuchen

Zutaten

- 150 g Marzipan-rohmasse
- 2 Stangen Nougat-rollen, je 75 g
- 200 g weiche Butter
- 4 Eier, getrennt
- 250 g Zucker
- 250 g Mehl
- 1 TL Backpulver
- 5 EL Milch
- Puderzucker
- etwas Fett und Mehl für die Form

Marzipanrohmasse und Nougat weich kneten, die weiche Butter dazugeben und cremig rühren. Eigelb und 170 g Zucker mit dem Handrührgerät auf höchster Stufe schaumig schlagen. Dann die Marzipan-Nougatbutter unterrühren. Mehl mit Backpulver vermischen und nach und nach mit der Milch langsam unterrühren. Eiweiß mit restlichem Zucker mit dem elektrischen Handrührgerät schaumig schlagen und den Eischnee vorsichtig unter den Teig heben. Eine Napfkuchenform gut einfetten, mit Mehl bestäuben und den Teig einfüllen.

Im vorgeheizten Backofen bei 170 °C ca. 45 Minuten backen. Anschließend auf ein Kuchengitter stürzen und mit Puderzucker bestäuben.

Einkaufsliste: Nougatkuchen

- ○ 1 Pckg. Marzipanrohmasse (mindestens 150 g)
- ○ 2 Stangen Nougatrollen, je 75 g
- ○ 1 Stck. Butter
- ○ 4 Eier
- ○ Zucker
- ○ Mehl
- ○ 1 Pck. Backpulver
- ○ Milch
- ○ Puderzucker

Was noch?

- ○ ____________________
- ○ ____________________
- ○ ____________________
- ○ ____________________
- ○ ____________________
- ○ ____________________
- ○ ____________________
- ○ ____________________
- ○ ____________________
- ○ ____________________
- ○ ____________________
- ○ ____________________

Mandarinen-Käsekuchen

Zutaten für den Teig

- 2 Eier
- 100 g Butter
- 160 g Zucker
- 375 g Mehl
- 1 Pck. Backpulver

Für die Füllung

- 1 kg Quark
- 3 Eier
- 200 g Zucker
- 1 Tasse Öl
- 1 Tasse Milch
- 1 Pck. Vanillepudding
- 2 Dosen Mandarinen

Eier, Butter und Zucker schaumig rühren. Nach und nach das mit dem Backpulver vermischte Mehl einrieseln lassen und alles zu einem geschmeidigen Teig verarbeiten. Ein Backblech (besser eine Fettfangschale aus dem Backofen, da die Füllung sehr flüssig ist) mit Backpapier auslegen, den Teig einfüllen und glatt streichen. Dann die Zutaten für die Creme nacheinander verrühren und auf dem Teig verstreichen. Zuletzt die über einem Sieb gut abgetropften Mandarinen auf der Creme verteilen. Im Backofen bei 200 °C ca. 60 Minuten backen.

Ofen ausschalten und den Kuchen langsam im Ofen abkühlen lassen.

Einkaufsliste: Mandarinen-Käsekuchen

- 5 Eier
- 1 Stck. Butter
- Zucker
- Mehl
- 1 Pck. Backpulver
- 1 kg Quark
- Öl
- Milch
- 1 Pck. Vanillepudding
- 2 Dosen Mandarinen

Was noch?

- ______
- ______
- ______
- ______
- ______
- ______
- ______
- ______
- ______
- ______
- ______
- ______

Ananas-Gugelhupf

Zutaten für den Teig

- 250 g Butter
- 250 g Zucker
- 4 Eier, getrennt
- 250 g Mehl
- 2 TL Backpulver
- 250 g Ananasstücke aus der Dose
- etwas Mehl

Für die Glasur

- 200 g Zartbitter-Kuvertüre

Butter, Zucker und Eigelb schaumig rühren. Nach und nach das mit dem Backpulver vermischte Mehl untersieben. Alles zu einem geschmeidigen Teig verarbeiten. Die Ananasstücke gut abtropfen lassen, mit Küchenkrepp trockentupfen und in etwas Mehl wenden, dann unter den Teig heben. Eiweiß steif schlagen und vorsichtig unter die Teigmasse heben. Den Teig in eine gefettete Gugelhupfform füllen und im Backofen bei 180 °C ca. 70 Minuten backen.

Die Kuvertüre im heißen Wasserbad schmelzen und den Gugelhupf damit rundherum bestreichen.

Einkaufsliste: Ananas-Gugelhupf

- ○ 1 Stck. Butter
- ○ Zucker
- ○ 4 Eier
- ○ Mehl
- ○ 1 Pck. Backpulver
- ○ 1 Dose Ananasstücke
- ○ 1 Pckg. Zartbitter-Kuvertüre

Was noch?

○ ____________________

○ ____________________

○ ____________________

○ ____________________

○ ____________________

○ ____________________

○ ____________________

○ ____________________

○ ____________________

○ ____________________

○ ____________________

○ ____________________

Buttermilch-Tassenkuchen

Zutaten

- 4 Tassen Mehl
- 3 Tassen Zucker
- 2 Tassen Buttermilch
- 1 Pck. Backpulver
- 2 Eier

Für den Belag

- 2 Tassen Kokosraspel
- 1 Pck. Vanillinzucker

Für die Vanillesoße

- 1 Pck. Vanille-Soßenpulver (für 250 ml Milch)
- 2 Tassen Zucker

Mehl, Zucker, Buttermilch, Backpulver und Eier zu einem zähflüssigen Teig verrühren und auf ein mit Backpapier ausgelegtes Backblech verteilen.

Kokosraspeln mit dem restlichen Zucker und Vanillinzucker vermischen und auf dem Teig verteilen. Den Kuchen bei 175 °C ca. 20–25 Minuten backen. In der Zwischenzeit aus dem Soßenpulver eine Vanillesoße nach Packungsanweisung herstellen.

Den noch heißen Kuchen mit der flüssigen Vanillesoße beträufeln und sofort servieren.

Einkaufsliste: Buttermilch-Tassenkuchen

- ○ Mehl
- ○ Zucker
- ○ 1 Becher Buttermilch
- ○ 1 Pck. Backpulver
- ○ 2 Eier
- ○ 2 Pckg. Kokosraspel
- ○ 1 Pckg. Vanillezucker
- ○ 1 Pck. Vanille-Soßen-pulver
- ○ Milch

Was noch?

- ○ __________
- ○ __________
- ○ __________
- ○ __________
- ○ __________
- ○ __________
- ○ __________
- ○ __________
- ○ __________
- ○ __________
- ○ __________
- ○ __________

Kokostörtchen

Zutaten

- 125 g Butter
- 200 g Zucker
- 3 Eier
- 220 g Mehl
- ½ Pck. Backpulver
- 300 ml Buttermilch
- 100 g Zartbitter-schokolade
- 100 g Kokosraspel
- Papierförmchen

Butter, Zucker und Eier schaumig schlagen. Dann die Buttermilch unterrühren und das mit dem Backpulver vermischte Mehl unterziehen. Alles zu einem geschmeidigen Teig verarbeiten.

Die Zartbitterschokolade im heißen Wasserbad schmelzen lassen. Die geschmolzene Schokolade und die Kokosraspeln unter den Teig rühren. Den Teig in kleine Papierförmchen füllen und anschließend am besten in ein Muffin-Blech stellen.

Im vorgeheizten Backofen bei 180 °C ca. 30 Minuten backen.

Einkaufsliste: Kokostörtchen

- ○ 1 Stck. Butter
- ○ Zucker
- ○ 3 Eier
- ○ Mehl
- ○ 1 Pck. Backpulver
- ○ 300 ml Buttermilch
- ○ 1 Tafel Zartbitter-schokolade
- ○ 1 Tüte Kokosraspel
- ○ Papierförmchen

Was noch?

- ○ ____________________
- ○ ____________________
- ○ ____________________
- ○ ____________________
- ○ ____________________
- ○ ____________________
- ○ ____________________
- ○ ____________________
- ○ ____________________
- ○ ____________________
- ○ ____________________
- ○ ____________________

Himbeer-Marzipantörtchen

Zutaten

- 160 g Mehl
- 2 TL Backpulver
- ½ TL Natron
- 1 Ei
- 100 g Zucker
- 5 Tropfen Bittermandel-Backaroma
- ca. 200 g Buttermilch
- 12 TL Himbeer-marmelade
- 12 Marzipankugeln
- Papierförmchen

Den Backofen auf 180 °C vorheizen.
Ei, Zucker, Butter, Aroma und Buttermilch verrühren. Mehl mit Backpulver und Natron mischen und unter die flüssige Teigmasse heben. Alles gut verrühren. Die Papierförmchen am besten in ein Muffinblech stellen.
In jedes Förmchen nun einen EL Teig füllen, darauf einen TL Himbeermarmelade geben, in die Mitte eine Marzipankugel drücken und mit ein wenig Teig abdecken.

Im Backofen bei 180 °C auf mittlerer Schiene ca. 25 Minuten backen. Dann abkühlen lassen.

Einkaufsliste: Himbeer-Marzipantörtchen

- ○ Mehl
- ○ 1 Pck. Backpulver
- ○ 1 Pckg. Natron
- ○ 1 Ei
- ○ Zucker
- ○ 1 Fläschchen Bittermandelaroma
- ○ 1 Becher Buttermilch
- ○ 1 Glas Himbeermarmelade
- ○ 1 Pckg. Marzipanrohmasse
- ○ Papierförmchen

Was noch?

- ○ ______________________
- ○ ______________________
- ○ ______________________
- ○ ______________________
- ○ ______________________
- ○ ______________________
- ○ ______________________
- ○ ______________________
- ○ ______________________
- ○ ______________________
- ○ ______________________
- ○ ______________________

Apfelbrot

Zutaten

- 300 g Mehl
- 75 g Zucker
- 1 Prise Salz
- 1 Ei
- Saft einer Zitrone
- 1 TL geriebene Zitronenschale
- ½ TL geriebene Muskatnuss
- 1 Prise Zimt
- 1 Prise gemahlene Nelken
- 100 g Butter
- 250 g geschälte, entkernte und in feine Stifte geschnittene Äpfel
- 120 g Rosinen
- 70 g gehackte Mandeln
- etwas Milch
- 2 TL Zucker
- 30 g gehackte Nüsse

Mehl mit Zucker, Salz, Ei, Zitronensaft, geriebener Zitronenschale und den Gewürzen vermischen und mit der Butter kräftig durchkneten. Apfelstifte, gewaschene Rosinen und gehackte Mandeln miteinander vermengen und unter den Teig kneten. Eventuell etwas Milch hinzufügen, wenn der Teig zu fest geworden ist. Eine Kastenform einfetten, den Teig gleichmäßig einfüllen und mit etwas Milch bestreichen. Die Oberfläche mit Nüssen und Zucker bestreuen. Im Backofen bei 180 °C ca. 60 Minuten backen. Danach in der Form erkalten lassen.

Einkaufsliste: Apfelbrot

- ○ Mehl
- ○ Zucker
- ○ Salz
- ○ 1 Ei
- ○ geriebene Muskatnuss
- ○ Zimt
- ○ gemahlene Nelken
- ○ 1 Zitrone
- ○ 1 Stck. Butter
- ○ 250 g Äpfel
- ○ 1 Tüte Rosinen
- ○ 1 Tüte gehackte Mandeln
- ○ Milch
- ○ 1 Tüte gehackte Nüsse

Was noch?

- ○ ______________________
- ○ ______________________
- ○ ______________________
- ○ ______________________
- ○ ______________________
- ○ ______________________
- ○ ______________________
- ○ ______________________
- ○ ______________________
- ○ ______________________
- ○ ______________________
- ○ ______________________

Hefe-Bienenstich

Zutaten

- 500 g Mehl
- 1 Pck. Trockenbackhefe
- 75 g Zucker
- 1 Pck. Vanillinzucker
- etwas Salz
- 2 Eier
- 125 g lauwarme Milch
- 100 g zerlassene Butter

Für den Belag

- 100 g Butter
- 150 g Zucker
- 1 Pck. Vanillinzucker
- 2–3 EL Milch
- 200 g Mandelblättchen

Das Mehl mit der Hefe vermischen. Nach und nach Zucker, Vanillinzucker, Salz, Eier, die lauwarme Milch und Butter hinzufügen. Alles mit dem elektrischen Handrührgerät mit Knethaken zu einem glatten Teig verarbeiten. Den Teig zugedeckt an einem warmen Ort gehen lassen. Danach nochmals kurz durchkneten und zu einer Kugel formen. Den Teig auf einer bemehlten Arbeitsfläche ausrollen und ein mit Backpapier ausgelegtes Backblech damit belegen. Den Teig nochmals ca. 20 Minuten an einem warmen Ort gehen lassen.

Für den Belag die Butter in einem Topf mit dem Zucker und Vanillinzucker in der Milch unter Rühren zerlassen. Die Mandelblättchen unterrühren und anschließend die Masse leicht abkühlen lassen. Die Mandelmasse auf dem Teig verteilen. Im Backofen bei 200 °C ca. 20 bis 25 Minuten backen.

Einkaufsliste: Hefe-Bienenstich

- ○ Mehl
- ○ 1 Pck. Trockenbackhefe
- ○ Zucker
- ○ 2 Pck. Vanillinzucker
- ○ Salz
- ○ 2 Eier
- ○ Milch
- ○ 1 Stck. Butter
- ○ 1 Tüte (200 g) Mandelblättchen

Was noch?

- ○ __________
- ○ __________
- ○ __________
- ○ __________
- ○ __________
- ○ __________
- ○ __________
- ○ __________
- ○ __________
- ○ __________
- ○ __________
- ○ __________

Schokoladencreme-Torte

Zutaten

- 150 g Butter
- 300 g Zucker
- 3 Eier, getrennt
- 100 g geriebene Haselnüsse
- 3 EL Kakao
- 1 Pck. Vanillinzucker
- 6 EL Milch
- 300 g Mehl
- 1 Pck. Backpulver

Für den Belag

- ½ l Milch
- 75 g Zucker
- 1 Pck. Vanillepuddingpulver
- 200 g sehr weiche Butter
- 100 g Puderzucker
- 1 Tafel Vollmilchschokolade

Butter, Zucker und Eigelb schaumig rühren. Haselnüsse, Kakao, Vanillinzucker und das mit dem Backpulver vermischte Mehl unterrühren. Wenn der Teig zu fest ist, eventuell etwas Milch hinzufügen. Eiweiß steif schlagen und ebenfalls unter den Teig heben. Den Teig in eine eingefettete Springform füllen und im Backofen bei 180 °C ca. 35 Minuten backen. Abkühlen lassen und zweimal quer durchschneiden.

Einen Pudding mit Puddingpulver, Milch und Zucker nach Packungsanweisung zubereiten. Den Pudding auskühlen lassen, dabei mehrmals umrühren, damit sich keine Haut bildet. Butter mit Puderzucker schaumig rühren, geschmolzene Schokolade hinzufügen und alles gut verrühren. Schokobuttercreme in den erkalteten Pudding löffelweise unterrühren. Um den unteren Tortenboden einen Tortenring legen und mit einer Schicht Schokobuttercreme bestreichen. Zweiten Boden auflegen und ebenfalls mit der Schokobuttercreme füllen. Den Deckel auflegen, den Ring lösen und die Torte ringsum mit der Creme bestreichen und mit der Tortenspritze verzieren.

Einkaufsliste: Schokoladencreme-Torte

- ○ 2 Stck. Butter
- ○ Zucker
- ○ 3 Eier
- ○ 1 Tüte geriebene Haselnüsse
- ○ Kakao
- ○ 1 Pck. Vanillinzucker
- ○ Milch
- ○ Mehl
- ○ 1 Pck. Backpulver
- ○ 1 Pck. Vanillepudding-pulver
- ○ Puderzucker
- ○ 1 Tafel Vollmilch-schokolade

Was noch?

- ○ ____________________
- ○ ____________________
- ○ ____________________
- ○ ____________________
- ○ ____________________
- ○ ____________________
- ○ ____________________
- ○ ____________________
- ○ ____________________
- ○ ____________________
- ○ ____________________
- ○ ____________________

Ingwerkuchen mit Birnen

Zutaten

- 50 g Ingwer in Sirup eingelegt
- 125 g Butter
- 125 g Zucker
- 3 Eier
- 1 Prise Salz
- 225 g Mehl
- 2 TL Backpulver
- Butter für die Form
- 3 Birnen

Ingwer abtropfen lassen und sehr fein hacken. 2 EL Ingwersirup, Butter, Zucker, Eier und Salz schaumig rühren. Mehl mit Backpulver vermischen und unter Eier-Butter-Masse rühren. Zuletzt den gehackten Ingwer unterheben und alles zu einem geschmeidigen Teig verarbeiten. Birnen schälen, das Kerngehäuse entfernen und in Spalten schneiden.

Eine Springform mit Backpapier auslegen, den Teig einfüllen und die Birnenspalten zur Hälfte in den Teig stecken. Im Backofen bei 200 °C ca. 40 Minuten backen.

Einkaufsliste: Ingwerkuchen mit Birnen

- ○ 1 Glas Ingwer in Sirup eingelegt
- ○ 1 Stck. Butter
- ○ Zucker
- ○ 3 Eier
- ○ Salz
- ○ Mehl
- ○ 1 Pck. Backpulver
- ○ 3 Birnen

Was noch?

○ ______________________

○ ______________________

○ ______________________

○ ______________________

○ ______________________

○ ______________________

○ ______________________

○ ______________________

○ ______________________

○ ______________________

○ ______________________

○ ______________________

Aprikosen-Schmandkuchen

Für den Teig

- 80 g Butter
- 100 g Zucker
- 1 Ei
- 200 g Mehl
- 1 TL Backpulver
- 1 Pck. Vanillepudding
- 1 EL Zucker
- 1 Dose Aprikosen

Für den Guss

- 3 Eier, getrennt
- 100 g Zucker
- 1 Becher Schmand

Butter, Zucker und Ei schaumig rühren. Nach und nach das mit dem Backpulver vermischte Mehl unterheben. Alles zu einem geschmeidigen Teig verarbeiten und in eine mit Backpapier ausgelegte Springform füllen. Aprikosen über einem Sieb gründlich abtropfen lassen und auf dem Teigboden verteilen, dabei den Saft auffangen. Den Aprikosensaft mit dem Vanillepuddingpulver und 1 EL Zucker nach Packungsanweisung zubereiten. Noch heiß über die Aprikosen verstreichen. Im Backofen bei 180 °C ca. 35 Minuten vorbacken. Für den Guss die Eigelb, Zucker und Schmand verrühren, dann das steif geschlagene Eiweiß unterheben. Den Guss auf den heißen Kuchen verstreichen und weitere 20 Minuten backen.

Einkaufsliste: Aprikosen-Schmandkuchen

- ○ 1 Stck. Butter
- ○ Zucker
- ○ 4 Eier
- ○ Mehl
- ○ 1 Pck. Backpulver
- ○ 1 Pck. Vanillepudding
- ○ 1 Dose Aprikosen
- ○ 1 Becher Schmand

Was noch?

- ○ ______
- ○ ______
- ○ ______
- ○ ______
- ○ ______
- ○ ______
- ○ ______
- ○ ______
- ○ ______
- ○ ______
- ○ ______
- ○ ______

Muttertagskuchen

Zutaten

- 300 g Butter
- 300 g Zucker
- 2 Pck. Vanillinzucker
- 6 Eier, getrennt
- 125 g geriebene Blockschokolade
- 175 g gemahlene Nüsse
- 2 TL Schokoladen-puddingpulver
- 5 TL lösliches Kaffee-pulver
- 200 g Mehl
- 2 TL Backpulver
- 1 Flasche Piccolo

Butter, Zucker, Vanillinzucker und Eigelb schaumig schlagen. Geriebene Schokolade, gemahlene Nüsse, Puddingpulver, Kaffeepulver, Mehl und Backpulver mischen und nach und nach unter die Butter-Eier-Masse heben. Alles gut umrühren, dann den Sekt hinzufügen. Nochmals alles kurz umrühren und zum Schluss das zu Eischnee geschlagene Eiweiß unterheben. Den Teig in eine gefettete Napfkuchenform füllen und bei 180 °C ca. 60 Minuten backen.

Einkaufsliste: Muttertagskuchen

- ○ 2 Stck. Butter
- ○ Zucker
- ○ 2 Pck. Vanillinzucker
- ○ 6 Eier
- ○ 1 Tafel Blockschokolade
- ○ 1 Tüte gemahlene Nüsse
- ○ 1 Pck. Schokoladen-puddingpulver
- ○ lösliches Kaffeepulver
- ○ Mehl
- ○ 1 Pck. Backpulver
- ○ 1 Flasche Piccolo

Was noch?

- ○ ______
- ○ ______
- ○ ______
- ○ ______
- ○ ______
- ○ ______
- ○ ______
- ○ ______
- ○ ______
- ○ ______
- ○ ______
- ○ ______

Frucht-Quark-Kuchen

Zutaten

- 125 g Butter
- 200 g Zucker
- 2 Eier
- 1 TL abgeriebene Zitronenschale
- 1 Prise Salz
- 200 g Quark
- 100 g getrocknete Früchte
- 65 g geriebene Mandeln
- 350 g Mehl
- 1 Pck. Backpulver
- einige kandierte Kirschen zum Garnieren

Butter, Zucker und Eier schaumig schlagen. Geriebene Zitronenschale, Salz und Quark unterziehen. Die getrockneten Früchte sehr klein schneiden und ebenfalls unter die Quarkmasse ziehen. Geriebene Mandeln, Mehl und Backpulver miteinander vermischen und nach und nach unter die Quarkmasse heben. Alles kräftig miteinander verkneten. Eine Napfkuchenform einfetten, den Teig einfüllen und im Backofen bei 180 °C ca. 70 Minuten backen. Auf ein Kuchengitter stürzen und noch warm die kandierten Kirschen leicht in den Kuchen drücken. Dann völlig auskühlen lassen.

Einkaufsliste: Frucht-Quark-Kuchen

- ○ 1 Stck. Butter
- ○ Zucker
- ○ 2 Eier
- ○ 1 Zitrone
- ○ Salz
- ○ 1 Becher Quark
- ○ 1 Pckg. getrocknete Früchte
- ○ 1 Tüte geriebene Mandeln
- ○ Mehl
- ○ 1 Pck. Backpulver
- ○ 1 Pckg. kandierte Kirschen

Was noch?

○ ____________________

○ ____________________

○ ____________________

○ ____________________

○ ____________________

○ ____________________

○ ____________________

○ ____________________

○ ____________________

○ ____________________

○ ____________________

○ ____________________

Schneller Kiwikäsekuchen

Zutaten

- 1 kg Magerquark
- 225 g Zucker
- 3 Eier
- 1 Pck. Vanillinzucker
- 125 g Butter
- geriebene Schale einer ungespritzten Zitrone
- 1 Pck. Backpulver
- 2 EL Grieß
- 1 Pck. Puddingpulver
- 4 Kiwis

Quark, Zucker, Eier, Vanillinzucker, Butter und geriebene Zitronenschale zu einer cremigen Masse rühren. Backpulver, Grieß und Puddingpulver miteinander vermischen und nach und nach unter die Quarkcreme rühren. Alles zu einem geschmeidigen Teig verarbeiten.

Kiwis schälen, dann das Fruchtfleisch von 3 Kiwis in kleine Würfel schneiden und unter den Teig heben. Eine Springform einfetten und den Teig einfüllen. Die vierte Kiwi in dünne Scheiben schneiden und dekorativ auf der Teigoberfläche anordnen.

Im Backofen bei 180 Grad ca. 60 Minuten backen. Vorsichtig den Rand lösen und in der Backform auskühlen lassen.

Einkaufsliste: Schneller Kiwikäsekuchen

- 1 kg Magerquark
- Zucker
- 3 Eier
- 1 Pck. Vanillinzucker
- 1 Stck. Butter
- 1 Zitrone
- 1 Pck. Backpulver
- Grieß
- 1 Pck. Puddingpulver
- 4 Kiwis

Was noch?

Mandarinentorte

Zutaten für den Teig

- 100 g Butter
- 100 g Zucker
- 1 Pck. Vanillinzucker
- 2 Eier
- 150 g Mehl
- 1 TL Backpulver

Für den Belag

- 4 kleine Dosen Mandarinen
- 1 Pck. Vanillepudding
- 250 ml Schlagsahne
- 2 Pck. Sahnesteif
- 1 EL C-Frisch.

Butter, Zucker, Vanillinzucker und Eier schaumig rühren. Nach und nach das mit dem Backpulver vermischte Mehl hinzufügen und alles zu einem geschmeidigen Teig verarbeiten. Im Backofen bei 200 °C ca. 25 Minuten backen.

Die Mandarinen über ein Sieb abtropfen lassen, dabei den Saft auffangen. Für den Belag den Vanillepudding mit einem halben Liter Mandarinensaft und etwas Zucker aufkochen. Etwas abkühlen lassen, die Mandarinen unterheben und den Belag auf den inzwischen abgekühlten Tortenboden streichen.

Die Sahne mit Sahnesteif steif schlagen, nach und nach das C-Frisch einrieseln lassen. Die Sahne auf den völlig erkalteten Puddingbelag streichen. Mehrere Stunden im Kühlschrank fest werden lassen.

Einkaufsliste: Mandarinentorte

- ○ 1 Stck. Butter
- ○ Zucker
- ○ 1 Pck. Vanillinzucker
- ○ 2 Eier
- ○ Mehl
- ○ 1 Pck. Backpulver
- ○ 4 kleine Dosen Mandarinen
- ○ 1 Pck. Vanillepudding
- ○ 1 Becher (à 250 ml) Schlagsahne
- ○ 2 Pck. Sahnesteif
- ○ 1 Pckg. C-Frisch

Was noch?

○ ______________________

○ ______________________

○ ______________________

○ ______________________

○ ______________________

○ ______________________

○ ______________________

○ ______________________

○ ______________________

○ ______________________

○ ______________________

○ ______________________

Zitronen-Sahnerolle

Zutaten

- 4 Eier, getrennt
- 2 Pck. Vanillinzucker
- 1 Prise Salz
- 250 g Zucker
- 75 g Mehl
- 25 g Speisestärke
- 1 TL Backpulver
- 9 Blatt Gelatine
- 500 g Vollmilch-Joghurt
- 5 EL Zitronensaft
- abgeriebene Schale von einer Zitrone
- 250 ml Schlagsahne
- Zitronenspalten zum Verzieren

Eiweiß steif schlagen, dabei 1 Pck. Vanillinzucker, Salz und 100 g Zucker einrieseln lassen. Nun das Eigelb zufügen. Mehl, Speisestärke und Backpulver mischen, auf die Eimasse sieben und vorsichtig unterziehen.

Ein Backblech mit Backpapier auslegen und den Biskuitteig darauf gleichmäßig verstreichen. Im vorgeheizten Backofen bei 180 °C ca. 12 bis 15 Minuten backen.

Den fertig gebackenen Kuchenboden auf ein feuchtes, mit 75 g Zucker bestreutes Geschirrtuch stürzen und das Papier abziehen. Die Gelatine nach Packungsanweisung einweichen. Joghurt mit dem restlichen Zucker und Vanillinzucker, geriebener Zitronenschale und Zitronensaft vermengen. Die Gelatine ausdrücken und im Joghurt auflösen. Die Sahne steif schlagen. Sobald die Creme zu gelieren beginnt, die Sahne portionsweise unter die Joghurtmasse heben. Im Kühlschrank ca. 30 Minuten erstarren lassen. Dann die Zitronencreme auf den Biskuitboden verteilen. Diesen von der Längsseite mit Hilfe des Geschirrtuches aufrollen und weitere 3 Stunden kühlen. Zitronenrolle in Stücke schneiden und nach Belieben mit den Fruchtspalten verziert servieren.

Einkaufsliste: Zitronen-Sahne-Rolle

- ○ 4 Eier
- ○ 2 Pck. Vanillinzucker
- ○ 1 Prise Salz
- ○ Zucker
- ○ Mehl
- ○ Speisestärke
- ○ 1 Pck. Backpulver
- ○ 2 Pckg. Blattgelatine
- ○ 500 g Vollmilch-Joghurt
- ○ Zitronensaft
- ○ 2 Zitronen
- ○ 1 Becher (250 ml) Schlagsahne

Was noch?

- ○ ____________________
- ○ ____________________
- ○ ____________________
- ○ ____________________
- ○ ____________________
- ○ ____________________
- ○ ____________________
- ○ ____________________
- ○ ____________________
- ○ ____________________
- ○ ____________________
- ○ ____________________

Müslikuchen

Zutaten

- 125 g Butter
- 125 g Zucker
- 1 Pck. Vanillinzucker
- 3 Eier
- 1 Prise Salz
- 1 TL Zimt
- 150 g Früchtemüsli
- 150 g Vollkornmehl
- 2 TL Backpulver
- 250 ml Sahne

Ofen auf 180 °C vorheizen.
Butter Zucker, Vanillinzucker und Eier schaumig rühren, dann Salz und Zimt dazugeben.

Müsli, Vollkornmehl und Backpulver vermischen und abwechselnd mit der Sahne unter die Butter-Eier-Masse rühren.

Den Teig in eine eingefettete Kastenform füllen und im Backofen bei 180 °C ca. 60 Minuten backen.

Einkaufsliste: Müslikuchen

- ○ 1 Stck. Butter
- ○ Zucker
- ○ 1 Pck. Vanillezucker
- ○ 3 Eier
- ○ Salz
- ○ Zimt
- ○ 150 g Früchtemüsli
- ○ 1 Pckg. Vollkornmehl
- ○ 1 Pck. Backpulver
- ○ 1 Becher Schlagsahne (à 250 ml)

Was noch?

- ○ ______
- ○ ______
- ○ ______
- ○ ______
- ○ ______
- ○ ______
- ○ ______
- ○ ______
- ○ ______
- ○ ______
- ○ ______
- ○ ______

Komtess-Kuchen

Zutaten

- 250 g Butter
- 200 g Zucker
- 2 EL geriebene Orangenschale
- 4 Eier
- 200 g Speisestärke
- 100 g Mehl
- 1 TL Backpulver
- Fett und Semmelbrösel für die Form

Für den Belag

- 300 g Zartbitterschokolade
- Puderzucker zum Bestäuben

Butter, Zucker, Orangenschale und Eier schaumig rühren. Nach und nach das mit Speisestärke und Backpulver vermischte Mehl unterheben und alles zu einem glatten Teig verarbeiten. Den Teig in eine gefettete und mit Semmelbrösel ausgestreute Kastenform füllen. Im Backofen bei 180 °C ca. 70 Minuten backen. Nach dem Backen vorsichtig aus der Form lösen, auf ein Kuchengitter stürzen und völlig erkalten lassen. Dann den Kuchen längs 3 bis 4 Mal teilen und mit der im warmen Wasserbad aufgelösten Schokolade bestreichen. Die einzelnen Teile wieder formgerecht zusammensetzen. Den Kuchen zum Schluss mit Puderzucker bestäuben.

Einkaufsliste: Komtess-Kuchen

- ○ 1 Stck. Butter
- ○ Zucker
- ○ 1 Orange, unbehandelt
- ○ 4 Eier
- ○ Speisestärke
- ○ Mehl
- ○ 1 Pck. Backpulver
- ○ Semmelbrösel
- ○ 3 Tafeln Zartbitter-schokolade
- ○ Puderzucker

Was noch?

- ○ ______
- ○ ______
- ○ ______
- ○ ______
- ○ ______
- ○ ______
- ○ ______
- ○ ______
- ○ ______
- ○ ______
- ○ ______
- ○ ______

Limettenkuchen

Zutaten

- 300 g Mehl
- 125 g Butter
- 75 g Zucker
- 1 Pckg. geriebene Orangenschale
- 1 Prise Salz
- 1 Ei

Für den Belag

- 120 g weiche Butter
- 200 g Zucker
- 4 Eier
- 175 ml Buttermilch
- 80 ml Limettensaft
- 2 EL Stärkemehl
- 1 EL Mehl

Mit dem elektrischen Handrührgerät mit Knethaken aus den Zutaten für den Teig einen Mürbeteig herstellen. Zu einer Kugel formen und in Frischhaltefolie eingewickelt 30 Minuten im Kühlschrank ruhen lassen.

Eine Springform einfetten und mit dem Teig auskleiden. Dabei einen Rand hochziehen und den Teig mit einer Gabel mehrmals einstechen. Im vorgeheizten Backofen bei 180 °C ca. 15 Minuten vorbacken.

Für die Füllung alle Zutaten in der vorgegebenen Reihenfolge cremig rühren und auf den warmen Kuchenboden füllen. Im Backofen weitere ca. 30 Minuten backen. In der Form abkühlen lassen.

Einkaufsliste: Limettenkuchen

- ○ Mehl
- ○ 2 Stck. Butter
- ○ Zucker
- ○ 1 Pckg. geriebene Orangenschale
- ○ Salz
- ○ 5 Eier
- ○ 1 Becher (200 ml) Buttermilch
- ○ 1 Flasche Limettensaft
- ○ Stärkemehl

Was noch?

○ ______________________

○ ______________________

○ ______________________

○ ______________________

○ ______________________

○ ______________________

○ ______________________

○ ______________________

○ ______________________

○ ______________________

○ ______________________

○ ______________________

Marzipan-Mandelzopf

Zutaten

- 500 g Mehl
- 1 Würfel frische Hefe (42 g)
- knapp ¼ l lauwarme Milch
- 80 g Zucker
- 1 Prise Salz
- 80 g Butter
- 1 Ei

Füllung

- 200 g Marzipanrohmasse
- 2 EL Puderzucker
- 1 Ei
- 100 g gemahlene Mandeln
- 1–2 Schnapsgläschen Rum

Mehl in eine Schüssel geben, in die Mitte eine Mulde drücken und die Hefe hineinbröseln. Mit etwas lauwarmer Milch verrühren und zugedeckt an einem warmen Ort ca. 15 Minuten gehen lassen. Zucker und Salz an den Rand streuen, restliche lauwarme Milch mit der darin aufgelösten Butter und dem verschlagenen Ei aufgießen und alles zu einem glatten Teig verkneten. Zugedeckt an einem warmen Ort ca. 30 Minuten gehen lassen. Auf einer bemehlten Arbeitsfläche den Teig zu einem Rechteck von ca. 35 x 30 cm ausrollen.

Alle Zutaten für die Füllung miteinander vermischen und zu einer glatten Creme verarbeiten. Die Creme auf den Teigboden streichen und den Teig zu einer Rolle formen. Diese der Länge nach halbieren und die beiden Stränge verflechten.

Den Zopf auf ein mit Backpapier ausgelegtes Backblech legen, mit einem Geschirrtuch abdecken und weitere 15 Minuten an einem warmen Ort gehen lassen. Im vorgeheizten Backofen bei 200 °C ca. 30 Minuten backen.

Einkaufsliste: Marzipan-Mandelzopf

- ○ Mehl
- ○ 1 Würfel frische Hefe (42 g)
- ○ Milch
- ○ Zucker
- ○ Salz
- ○ 1 Stck. Butter
- ○ 2 Eier
- ○ 1 Pckg. Marzipanrohmasse
- ○ Puderzucker
- ○ 1 Tüte gemahlene Mandeln
- ○ 1 Miniflasche Rum

Was noch?

- ○ ____
- ○ ____
- ○ ____
- ○ ____
- ○ ____
- ○ ____
- ○ ____
- ○ ____
- ○ ____
- ○ ____
- ○ ____
- ○ ____

Donauwellen

Zutaten für den Teig

- 250 g Butter
- 250 g Zucker
- 6 Eier
- 375 g Mehl
- 1 Pck. Backpulver
- etwas Kakao
- 1 großes Glas Sauerkirschen ohne Steine

Für die Creme

- 1 Pck. Vanillepudding
- ½ l Milch
- 100 g Zucker
- 1 Pck. Vanillinzucker
- 200 g weiche Butter

Für den Guss

- 400 g Puderzucker
- 2 Eiweiß
- 4 EL heißes Wasser
- 4 EL Kakao
- 60 g Palmin

Butter, Zucker und Eier schaumig rühren. Mehl mit Backpulver mischen und nach und nach unterheben. Alles zu einem geschmeidigen Teig verarbeiten. Zwei Drittel des Teiges auf ein mit Backpapier ausgelegtes Blech streichen. Den restlichen Teig mit etwas Kakao verrühren und auf den ersten Teig streichen. Zuletzt die über einem Sieb abgetropften Sauerkirschen auf dem Teig verteilen. Im Backofen bei 200 °C ca. 30 Minuten backen.

In der Zwischenzeit für die Creme Vanillepudding mit Milch und Zucker nach Packungsanleitung kochen und kalt werden lassen. Mit dem elektrischen Handrührgerät Vanillinzucker und Butter schaumig schlagen und löffelweise dem kalten Pudding hinzufügen. So lange die Creme schlagen, bis eine glatte Masse entstanden ist. Die fertige Creme auf den erkalteten Kuchen streichen.

Für den Guss alle Zutaten außer dem Kokosfett verrühren. Dann erst nach und nach das ausgelassene Kokosfett hinzufügen und alles glatt verrühren. Den Kuchen mit der warmen Glasur bestreichen und fest werden lassen.

Einkaufsliste: Donauwellen

- ○ 2 Stck. Butter
- ○ Zucker
- ○ 8 Eier
- ○ Mehl
- ○ 1 Pck. Backpulver
- ○ Kakao
- ○ 1 Pck. Vanillepudding
- ○ Milch
- ○ 1 Pck. Vanillinzucker
- ○ 1 großes Glas Sauerkirschen ohne Steine
- ○ 2 Pckg. Puderzucker
- ○ 1 Stck. Kokosfett (z. B. Palmin)

Was noch?

○ ____________________

○ ____________________

○ ____________________

○ ____________________

○ ____________________

○ ____________________

○ ____________________

○ ____________________

○ ____________________

○ ____________________

○ ____________________

○ ____________________

Mecklenburger Apfeltorte

Zutaten

- 175 g Mehl
- ½ TL Salz
- 20 g Zucker
- 100 g Butter
- 2 EL kaltes Wasser

Füllung

- 150 g Butter
- 175 g Zucker
- 40 g Speisestärke
- 1 Prise Salz
- 2 Eier
- 4 säuerliche Äpfel, ca. 500 g

Mehl, Salz und Zucker vermischen, die Butter in kleine Würfel schneiden und hinzufügen. Kaltes Wasser zugeben und den Teig schnell und kräftig verkneten. In Frischhaltefolie gewickelt für ca. 30 Minuten im Kühlschrank ruhen lassen. Für die Füllung Butter, Zucker, Speisestärke und Salz schaumig rühren, nach und nach die Eier hinzufügen und alles zu einer glatten Masse verrühren. Die Äpfel schälen, halbieren, entkernen und grob reiben. Nun die geriebenen Äpfel unter die Butter-Eier-Masse ziehen. Alles nochmals gut durchmengen. Eine eingefettete Springform mit dem Mürbeteig belegen, mehrmals mit der Gabel einstechen und die Füllung darauf verteilen.

Im Backofen bei 180 °C ca. 35 bis 40 Minuten backen.

Einkaufsliste: Mecklenburger Apfeltorte

- ○ Mehl
- ○ Salz
- ○ Zucker
- ○ 1 Stck. Butter
- ○ Speisestärke
- ○ 2 Eier
- ○ 4 säuerliche Äpfel, ca. 500 g

Was noch?

- ○ ____
- ○ ____
- ○ ____
- ○ ____
- ○ ____
- ○ ____
- ○ ____
- ○ ____
- ○ ____
- ○ ____
- ○ ____
- ○ ____

Stachelbeertorte mit Puddingcreme

Zutaten für den Teig

- 50 g Butter
- 60 g Zucker
- 1 Ei
- 150 g Mehl
- 1 TL Backpulver

Für den Belag

- 1 großes Glas Stachelbeeren
- 1 Pck. Vanillepudding
- 200 g Schmand
- 2 EL Zucker
- 3 Eiweiß
- 50 g Zucker

Butter, Zucker und das Ei schaumig rühren. Nach und nach das mit dem Backpulver vermischte Mehl unterheben und alles zu einem glatten Teig verarbeiten. Eine Springform einfetten, den Teig einfüllen und im Backofen bei 180 °C ca. 15 bis 20 Minuten vorbacken. Die Stachelbeeren aus dem Glas über einem Sieb abgießen, dabei den Saft auffangen. Stachelbeersaft mit Wasser auf ½ l Flüssigkeit aufgießen. Aus Vanillepuddingpulver, Zucker und Stachelbeersaft einen Pudding nach Packungsanweisung kochen. Etwas abkühlen lassen und den Schmand unterrühren. Den vorgebackenen Boden aus dem Backofen nehmen, die abgetropften Stachelbeeren darauf verteilen und mit dem Schmand-Pudding übergießen, alles glatt streichen und weitere ca. 25 bis 30 Minuten backen. Eiweiß und Zucker zu Eischnee steif schlagen. 10 Minuten vor Ende der Backzeit den Kuchen mit dem Eischnee bestreichen und zu Ende backen. In der Form mehrere Stunden erkalten lassen.

Einkaufsliste: Stachelbeertorte mit Puddingcreme

- ○ 1 Stck. Butter
- ○ Zucker
- ○ 4 Eier
- ○ Mehl
- ○ 1 Pck. Backpulver
- ○ 1 großes Glas Stachelbeeren
- ○ 1 Pck. Vanillepudding
- ○ 1 Becher (200 g) Schmand

Was noch?

- ○ ____________________
- ○ ____________________
- ○ ____________________
- ○ ____________________
- ○ ____________________
- ○ ____________________
- ○ ____________________
- ○ ____________________
- ○ ____________________
- ○ ____________________
- ○ ____________________
- ○ ____________________

Pfirsich-Torte mit Quarkfüllung

Zutaten

- 100 g Zucker
- 1 Ei
- 125 g Butter
- 200 g Mehl
- 50 g gemahlene Mandeln
- ½ TL Backpulver

Für die Füllung

- 8 Blatt Gelatine
- 500 g Quark
- 100 g Zucker
- Saft von einer Zitrone
- ⅛ l Schlagsahne
- 1 große Dose Pfirsichspalten
- 250 ml Weißwein
- 2 EL Zucker
- 1 Pck. TortenGuss

Zucker, Ei und Butter cremig schlagen. Mehl, Mandeln und Backpulver vermischen und unter die Buttermasse heben. Alles zu einem krümeligen Knetteig verarbeiten. Die Krümel in eine eingefettete Springform füllen und zu einem Boden andrücken. Im Backofen bei 200 °C ca. 35 Minuten backen, dann aus der Form lösen und auf einem Kuchengitter vollständig auskühlen lassen. Den Boden auf eine Tortenplatte schieben und einen Tortenring umlegen.

Blattgelatine nach Packungsanweisung auflösen. Quark, Zucker und Zitronensaft zu einer glatten Creme verrühren. Gelatine ausdrücken und so lange in der Creme verrühren, bis sie sich völlig aufgelöst hat. Zum Schluss die steif geschlagene Schlagsahne unterrühren und die Masse auf den Kuchenboden verstreichen. Im Kühlschrank die Creme vollständig fest werden lassen. Nun die gut abgetropften Pfirsichspalten auf der Quarkcreme kreisförmig anordnen. Aus Weißwein, Zucker und Tortenguss einen Guss nach Packungsanweisung herstellen, kurz abkühlen lassen und über die Pfirsichspalten verteilen. Nochmals ca. 30 Minuten den Guss im Kühlschrank gelieren lassen. Dann erst den gesamten Kuchen mit einem langen Messer vorsichtig vom Tortenring lösen.

Einkaufsliste: Pfirsich-Torte mit Quarkfüllung

- ○ Zucker
- ○ 1 Ei
- ○ 1 Stck. Butter
- ○ Mehl
- ○ 1 Tüte gemahlene Mandeln
- ○ 1 Pck. Backpulver
- ○ 2 Pckg. Blattgelatine
- ○ 2 Becher Quark (à 250 g)
- ○ 1 Zitrone
- ○ 1 Becher Schlagsahne
- ○ 1 große Dose Pfirsichspalten
- ○ 1 Flasche Weißwein
- ○ 1 Pck. Tortenguss

Was noch?

○ ______________________

○ ______________________

○ ______________________

○ ______________________

○ ______________________

○ ______________________

○ ______________________

○ ______________________

○ ______________________

○ ______________________

○ ______________________

○ ______________________

Kokosschnitten

Zutaten für den Teig

- 250 g Mehl
- 1 Pck. Backpulver
- 1 Pck. Vanillepudding-pulver
- 120 g Butter
- 100 g Puderzucker
- 1 Pck. Vanillinzucker
- 1 Ei
- 3 EL Rum

Für den Belag

- 4 Eiweiß
- 200 g Puderzucker
- 250 g Kokosflocken
- 80 g Himbeer-marmelade
- 2 Pckg. dunkle Kuvertüre

Mehl mit Back- und Puddingpulver vermischen, zerbröselte Butter hinzufügen und mit Puderzucker, Vanillinzucker, Ei und Rum rasch zu einem Teig verkneten. Teig zu einer Kugel formen, in Frischhaltefolie wickeln und im Kühlschrank 30 Minuten ruhen lassen.

Inzwischen Eiweiß mit Puderzucker zu Eischnee schlagen und löffelweise die Kokosflocken unterheben. Den Teig in der Größe des Backbleches auf einer bemehlten Arbeitsplatte ausrollen und auf das mit Backpapier ausgelegte Backblech legen. Den Teig mit Marmelade bestreichen und die Kokosmasse darauf verteilen. Im Backofen bei 175 °C ca. 20 bis 25 Minuten backen. Noch heiß in ca. 5 cm große Schnittchen schneiden und auf dem Blech erkalten lassen.

Die Kokosschnitten an einer Seite so tief in die im warmen Wasserbad geschmolzene Schokoladeglasur tauchen, dass eine Kante mit Schokolade überzogen ist. Auf Backpapier den Schokoladenüberzug der Kokosschnittchen trocknen lassen.

Einkaufsliste: Kokosschnitten

- ○ Mehl
- ○ 1 Pck. Backpulver
- ○ 1 Pck. Vanillepuddingpulver
- ○ 1 Stck. Butter
- ○ 2 Pckg. Puderzucker
- ○ 1 Pck. Vanillinzucker
- ○ 5 Eier
- ○ 1 Miniflasche Rum
- ○ 2 Pckg. Kokosflocken
- ○ 1 Glas Himbeermarmelade
- ○ 2 Pckg. dunkle Kuvertüre

Was noch?

○ ____________________

○ ____________________

○ ____________________

○ ____________________

○ ____________________

○ ____________________

○ ____________________

○ ____________________

○ ____________________

○ ____________________

○ ____________________

○ ____________________

Ameisenkuchen

Zutaten

- 275 g Butter
- 275 g Zucker
- 2 Pck. Vanillinzucker
- 4 Eier
- 275 g Mehl
- 1 Pck. Backpulver
- 250 g Schokostreusel
- 300 ml Eierlikör
- 200 g weiße Kuvertüre
- 10 g Kokosfett

Butter, Zucker, Vanillinzucker und Eier schaumig rühren und nach und nach das mit dem Backpulver vermischte Mehl und 175 g Schokostreusel unterheben. Zum Schluss den Eierlikör unterrühren. Alles zu einem geschmeidigen Teig verarbeiten.

Den Teig auf ein mit Backpapier ausgelegtes Blech streichen und im Backofen bei 180 °C ca. 20 Minuten backen. Anschließend völlig erkalten lassen.

Weiße Kuvertüre mit dem Kokosfett im heißen Wasserbad schmelzen lassen, gut verrühren und den Kuchen damit gitterförmig überziehen. Sofort mit den restlichen Schokoraspeln bestreuen.

Einkaufsliste: Ameisenkuchen

- ○ 2 Stck. Butter
- ○ Zucker
- ○ 2 Pck. Vanillinzucker
- ○ 4 Eier
- ○ Mehl
- ○ 1 Pck. Backpulver
- ○ 1 kleine Flasche Eierlikör
- ○ 1 Pckg. (250 g) Schokostreusel
- ○ 2 Pckg. weiße Kuvertüre
- ○ 1 Pckg. Kokosfett

Was noch?

- ○ ______________________
- ○ ______________________
- ○ ______________________
- ○ ______________________
- ○ ______________________
- ○ ______________________
- ○ ______________________
- ○ ______________________
- ○ ______________________
- ○ ______________________
- ○ ______________________
- ○ ______________________

Mangotorte

Zutaten für den Teig

- 5 Eier
- 100 g Zucker
- Salz
- 1 EL geriebene Zitronenschale
- 100 g Butter
- 100 g Mehl
- 75 g Speisestärke

Belag

- 2 Mangos
- ⅛ l Milch
- 1 Pck. Vanillinzucker
- 400 g saure Sahne
- 7 Blatt Gelatine
- 1 EL Zitronensaft
- 100 g Sahne

Für den Teig 2 Eigelb, 50 g Zucker, Salz, geriebene Zitronenschale und Butter cremig rühren und nach und nach das Mehl und die Stärke unterheben. Alles zu einem festen Teig kneten, in Frischhaltefolie wickeln und 30 Minuten im Kühlschrank ruhen lassen. Den Teig auf einer bemehlten Arbeitsfläche ausrollen und in einer eingefetteten Springform zu einem Boden andrücken. Dabei einen kleinen Rand hochziehen und mehrmals mit der Gabel einstechen. Im Backofen bei 180 °C ca. 20 Minuten backen. Die Mangos schälen, die Hälfte des Fruchtfleisches würfeln, die andere Hälfte pürieren. Beide Teile separat im eigenen Saft kurz erhitzen und wieder abkühlen lassen.

In einer Schüssel die restlichen Eigelb mit dem restlichen Zucker, Vanillinzucker, 2 EL handwarmem Wasser und der Milch kräftig im heißen Wasserbad ca. 3 Minuten cremig schlagen. Gelatine nach Packungsanweisung auflösen, ausdrücken und in der warmen Eier-Milch-Masse auflösen und abkühlen lassen. Zum Schluss die saure Sahne, Zitronensaft und die geschlagene Sahne unterziehen. Gesamtes Eiweiß zu Eischnee schlagen und ebenfalls unter die Masse ziehen. Den Tortenboden auf eine Tortenplatte legen, mit einem Tortenring versehen und die Creme einfüllen. Das Mango-Püree spiralförmig unter die Creme ziehen. Zum Schluss die Mangowürfel auf der Creme verteilen und alles im Kühlschrank fest werden lassen.

Einkaufsliste: Mangotorte

- ○ 5 Eier
- ○ Zucker
- ○ Salz
- ○ 1 Zitrone
- ○ 1 Stck. Butter
- ○ Mehl
- ○ Speisestärke
- ○ 2 Mangos
- ○ Milch
- ○ 1 Pck. Vanillinzucker
- ○ 2 Becher (à 200 ml) saure Sahne
- ○ 2 Pckg. Blattgelatine
- ○ 1 kleiner Becher Sahne

Was noch?

- ○ ____________________
- ○ ____________________
- ○ ____________________
- ○ ____________________
- ○ ____________________
- ○ ____________________
- ○ ____________________
- ○ ____________________
- ○ ____________________
- ○ ____________________
- ○ ____________________
- ○ ____________________

Makronentorte

Zutaten für den Teig

- 200 g Butter
- 175 g Zucker
- 1 Pck. Vanillinzucker
- 1 Prise Salz
- 2 Eigelb
- 200 g Mehl
- 50 g Speisestärke
- 1 TL Backpulver

Belag

- 2 Eiweiß
- 100 g Zucker
- 2 Tropfen Bittermandelöl
- 175 g gemahlene Mandeln

Ofen vorheizen!

Butter, Zucker, Vanillinzucker, Salz und Eigelb schaumig rühren.

Mehl mit der Stärke und Backpulver vermischen und nach und nach einrieseln lassen. Alles zu einem geschmeidigen Teig verarbeiten. Ein Springform mit Backpapier auslegen, den Teig einfüllen und glatt streichen. Für die Füllung Eiweiß zu Schnee schlagen, dabei den Zucker einrieseln lassen und Bittermandelöl zufügen. Zum Schluss die gemahlenen Mandeln vorsichtig unterheben.

In der Mitte des Teiges mit einem Löffel eine Vertiefung drücken und die Makronenmasse in die Vertiefung geben. Im Backofen bei 180 °C ca. 60 bis 70 Minuten backen.

Einkaufsliste: Makronentorte

- ○ 1 Stck. Butter
- ○ Zucker
- ○ 1 Pck. Vanillinzucker
- ○ Salz
- ○ 2 Eier
- ○ Mehl
- ○ Speisestärke
- ○ 1 Pck. Backpulver
- ○ 1 Fläschchen Bittermandelöl
- ○ 1 Tüte gemahlene Mandeln

Was noch?

- ○ ____________________
- ○ ____________________
- ○ ____________________
- ○ ____________________
- ○ ____________________
- ○ ____________________
- ○ ____________________
- ○ ____________________
- ○ ____________________
- ○ ____________________
- ○ ____________________
- ○ ____________________

Beschwipste Apfeltorte

Zutaten für den Teig

- 125 g Butter
- 125 g Zucker
- 1 Pck. Vanillinzucker
- 1 Ei
- 250 g Mehl
- 1 Pck. Backpulver

Für den Belag

- 850 g Äpfel
- 2 Pck. Vanillepudding-pulver
- ¾ l Apfelwein
- 250 g Zucker
- 1 Pck. Vanillinzucker
- 400 g süße Sahne
- Kakao zum Bestäuben

Butter, Zucker, Vanillinzucker und das Ei cremig rühren. Nach und nach das mit dem Backpulver vermischte Mehl einrieseln lassen und alles zu einem festen Teig kneten. Den Teig in eine eingefettete Springform zu einem Boden andrücken und dabei einen kleinen Rand hochziehen.

Die Äpfel schälen, entkernen, in kleine Würfel schneiden und auf dem Boden verteilen. Puddingpulver mit Apfelwein, Zucker und Vanillinzucker nach Packungsanweisung aufkochen und die heiße Masse über die Äpfelstücke verteilen. Den Kuchen im vorgeheizten Backofen bei 180 °C ca. 75 bis 80 Minuten backen. Über Nacht in der Form erkalten lassen und erst dann aus der Form lösen. Die Schlagsahne steif schlagen und als Tupfen über die Torte verteilen. Zum Schluss mit Kakaopulver bestäuben.

Einkaufsliste: Beschwipste Apfeltorte

- ○ 1 Stck. Butter
- ○ Zucker
- ○ 2 Pck. Vanillinzucker
- ○ 1 Ei
- ○ Mehl
- ○ 1 Pckg. Backpulver
- ○ 850 g Äpfel
- ○ 2 Pck. Vanillepudding-pulver
- ○ 1 Flasche Apfelwein
- ○ 2 Becher (à 200 ml) süße Sahne
- ○ Kakao

Was noch?

○ ______________________

○ ______________________

○ ______________________

○ ______________________

○ ______________________

○ ______________________

○ ______________________

○ ______________________

○ ______________________

○ ______________________

○ ______________________

○ ______________________

Vatertags-Kuchen

Zutaten

- 80 g Butter
- 80 g Zucker
- 1 Pck. Vanillinzucker
- 5 Eier, getrennt
- 1 Pck. Backpulver
- 200 g geriebene Mandeln
- 1 Tafel geraspelte Bitterschokolade
- 75 g Speisestärke
- je 3 EL Weinbrand und Rum
- 500 ml Schlagsahne
- 2 Pck. Sahnesteif
- 2 EL Eierlikör
- Schokoraspeln

Butter, Zucker, Vanillinzucker und Eigelb schaumig schlagen. Backpulver, geriebene Mandeln, geraspelte Schokolade und Speisestärke mischen und nach und nach unter die Butter-Eier-Masse rühren. Dann Weinbrand und Rum hinzufügen. Alles zu einem geschmeidigen Teig verarbeiten. Eiweiß zu Eischnee schlagen und vorsichtig unter den Teig ziehen. Den Teig in eine gefettete Springform füllen und bei 175 °C ca. 80 Minuten backen, anschließend erkalten lassen. Sahne mit dem Sahnesteif steif schlagen, auf dem Kuchen hügelartig verstreichen und mit dem Eierlikör fadenförmig überziehen. Zum Schluss mit Schokoraspeln bestreuen.

Einkaufsliste: Vatertags-Kuchen

- ○ 1 Stck. Butter
- ○ Zucker
- ○ 1 Pck. Vanillinzucker
- ○ 5 Eier
- ○ 1 Pck. Backpulver
- ○ 1 Tüte geriebene Mandeln
- ○ 1 Tafel Bitterschokolade
- ○ Speisestärke
- ○ je 1 Miniflasche Weinbrand und Rum
- ○ 2 Becher (à 250 ml) Schlagsahne
- ○ 2 Pck. Sahnesteif
- ○ 1 Miniflasche Eierlikör
- ○ 1 Pckg. Schokoraspel

Was noch?

○ ______

○ ______

○ ______

○ ______

○ ______

○ ______

○ ______

○ ______

○ ______

○ ______

○ ______

○ ______

Apfel-Blätterteigtorte

Zutaten

- 300 g TK-Blätterteig
- 2 Eier
- 70 g Zucker
- 1 Prise Salz
- 500 g Quark
- 1 Pck. Vanillepudding-pulver
- 3 säuerliche Äpfel
- 1 EL Zitronensaft
- 4 EL Sauerkirsch-konfitüre
- 14 Walnusshälften
- etwas Mehl

Den Blätterteig bei Zimmertemperatur auftauen lassen. Dann die Scheiben übereinander legen, auf einer bemehlten Arbeitsfläche zu einem Kreis ausrollen und den Boden einer eingefetteten Springform damit auslegen. Den Teig mehrmals mit einer Gabel einstechen. Die Eier mit Zucker und Salz schaumig schlagen, dann Quark und Puddingpulver unterrühren. Die Quarkcreme auf dem Teigboden verstreichen. Die Äpfel schälen und aus der Mitte jeweils zwei dicke Apfelringe schneiden. Das Kerngehäuse großzügig herausschneiden, mit Zitronensaft beträufeln und auf die Creme setzen. Die Löcher der Apfelringe mit Sauerkirschkonfitüre füllen. Die Walnusshälften auf die Creme und die Marmelade setzen. Im vorgeheizten Backofen bei 180 °C ca. 25 bis 30 Minuten backen.

Einkaufsliste: Apfel-Blätterteigtorte

- ○ 300 g TK Blätterteig
- ○ 2 Eier
- ○ Zucker
- ○ Salz
- ○ 1 Becher (500 g) Quark
- ○ 1 Pck. Vanillepudding-pulver
- ○ 3 säuerliche Äpfel
- ○ Zitronensaft
- ○ 1 Glas Sauerkirsch-konfitüre
- ○ 1 Tüte Walnusshälften
- ○ Mehl

Was noch?

- ○ ____
- ○ ____
- ○ ____
- ○ ____
- ○ ____
- ○ ____
- ○ ____
- ○ ____
- ○ ____
- ○ ____
- ○ ____
- ○ ____

Schneller Kirsch-Rührkuchen

Zutaten

- 375 g Mehl
- 1 Pck. Backpulver
- 375 g Zucker
- 375 g sehr weiche Butter
- 1 Pck. Vanillinzucker
- 2 Gläser Sauerkirschen

Ofen auf 200 °C vorheizen. Zucker, Butter und Vanillinzucker verrühren. Mehl und Backpulver mischen. Alle Zutaten, außer den Kirschen, in eine Schüssel geben und kräftig verrühren. Den Teig auf ein gefettetes Backblech streichen und die gut abgetropften Kirschen darauf verteilen.

Im Backofen bei 200 °C ca. 30 Minuten backen.

Einkaufsliste: Schneller Kirsch-Rührkuchen

- ○ Mehl
- ○ 1 Pck. Backpulver
- ○ Zucker
- ○ 2 Stck. Butter
- ○ 1 Pck. Vanillinzucker
- ○ 2 Gläser Sauerkirschen

Was noch?

- ○ ____
- ○ ____
- ○ ____
- ○ ____
- ○ ____
- ○ ____
- ○ ____
- ○ ____
- ○ ____
- ○ ____
- ○ ____
- ○ ____

Ostertorte

Zutaten für den Teig

- 275 g Mehl
- 125 g Butter
- ½ TL Salz
- 1 Ei

Für die Füllung

- 3 Eier
- 200 g Zucker
- 325 g Frischkäse
- 200 ml Sahne
- 2 EL Speisestärke
- 2 bis 3 EL frisch gehackte Pfefferminze

Sonstiges

- Puderzucker
- Minzeblättchen

Alle Zutaten für den Teig miteinander verkneten und zu einem Mürbeteig verarbeiten. Den Teig in Frischhaltefolie wickeln und ca. 30 Minuten im Kühlschrank ruhen lassen. Dann den Teig auf einer bemehlten Arbeitsfläche ausrollen und den Boden einer gefetteten Springform damit belegen.

Für die Füllung Eier und Zucker schaumig schlagen, dann den Frischkäse und die Sahne unterrühren. Zum Schluss die gehackte Pfefferminze untermengen. Die Creme auf dem Teigboden verteilen und alles glatt streichen. Im Backofen bei 180 °C ca. 45 Minuten backen, ca. 10 Minuten vor Ende der Backzeit mit Alufolie abdecken. Den Kuchen in der Springform abkühlen lassen, dann auf eine Tortenplatte legen.

Vor dem Servieren aus dicker Pappe einen Osterhasen ausschneiden und diesen auf die Torte legen, reichlich mit Puderzucker bestäuben und mit Minzeblättchen verzieren. Vorsichtig die Pappe entfernen.

Einkaufsliste: Ostertorte

- ○ Mehl
- ○ 1 Stck. Butter
- ○ Salz
- ○ 4 Eier
- ○ Zucker
- ○ 2 Becher Frischkäse
- ○ 1 Becher (200 ml) Sahne
- ○ 1 Bund frische Pfefferminze
- ○ Puderzucker

Was noch?

- ○ ____
- ○ ____
- ○ ____
- ○ ____
- ○ ____
- ○ ____
- ○ ____
- ○ ____
- ○ ____
- ○ ____
- ○ ____
- ○ ____

Osterküchlein

Zutaten für den Teig

- 500 g Mehl
- 175 g Zucker
- 1 Prise Salz
- 60 ml Olivenöl
- 60 ml Weißwein
- 2 EL Anislikör
- 2 EL Zucker

Mehl, Zucker und Salz mischen. Öl, Wein und Likör gut verrühren und nach und nach unter die trockenen Zutaten geben. Alles gründlich verrühren und zu einem glatten Knetteig verarbeiten. Backblech mit Backpapier auslegen. Auf einer bemehlten Arbeitsfläche den Teig zu einer ca. ½ cm dicken Platte ausrollen. Aus der Teigplatte ca. 35 bis 40 Scheiben von etwa 8 cm Durchmesser ausstechen. Die Ränder der Teigscheiben ringsum mit einem Messer einkerben, die Oberfläche mit einer Gabel mehrfach einstechen und mit Zucker bestreuen.

Die Küchlein auf das Backblech legen und bei 175 °C auf mittlerer Schiene ca. 20 Minuten goldbraun backen. Auf einem Kuchengitter auskühlen lassen.

Einkaufsliste: Osterküchlein

- ○ Mehl
- ○ Zucker
- ○ Salz
- ○ Olivenöl
- ○ Weißwein
- ○ Anislikör

Was noch?

- ○ ____
- ○ ____
- ○ ____
- ○ ____
- ○ ____
- ○ ____
- ○ ____
- ○ ____
- ○ ____
- ○ ____
- ○ ____
- ○ ____

Osterfladen

Zutaten für den Boden

- 275 g Mehl
- 150 g Butter
- 75 g Zucker
- 1 Prise Salz
- 1 EL Wasser

Für die Füllung

- 500 ml Milch
- 150 g Grieß
- 100 g Zucker
- 100 g Sultaninen
- 100 g gehackte Mandeln
- geriebene Schale einer unbehandelten Zitrone
- 4 Eier, getrennt

Alle Zutaten für den Boden kräftig verkneten und zu einem Mürbeteig verarbeiten. Den Teig zu einer Kugel formen und in Frischhaltefolie gewickelt ca. 30 Minuten im Kühlschrank ruhen lassen. Dann den Teig auf einer bemehlten Arbeitsfläche ausrollen, eine gefettete Springform damit belegen und einen Rand hochziehen.

Für die Füllung Milch aufkochen und den Grieß einrühren, die Hitze etwas reduzieren und den Grieß einige Minuten quellen lassen. Nach und nach Zucker, Sultaninen, Mandeln, Eigelb und Zitronenschale hinzufügen und alles gut umrühren. Vom Herd nehmen und auskühlen lassen. Inzwischen das Eiweiß zu Eischnee sehr steif schlagen und unter die inzwischen völlig abgekühlte Griesmasse heben. Den Teig auf den Boden füllen, alles glatt streichen und im Backofen bei 180 °C ca. 30 Minuten auf der mittleren Schiene backen. Dann den Kuchen mit Alufolie abdecken und auf der untersten Schiene weitere 8 Minuten backen.

Einkaufsliste: Osterfladen

- ○ Mehl
- ○ 1 Stck. Butter
- ○ Zucker
- ○ Salz
- ○ Milch
- ○ 1 Pckg. Grieß
- ○ 1 Tüte Sultaninen
- ○ 1 Tüte Mandeln
- ○ 1 Zitrone, unbehandelt
- ○ 4 Eier

Was noch?

- ○ ____________________
- ○ ____________________
- ○ ____________________
- ○ ____________________
- ○ ____________________
- ○ ____________________
- ○ ____________________
- ○ ____________________
- ○ ____________________
- ○ ____________________
- ○ ____________________
- ○ ____________________

Osterhefezopf

Zutaten

- 500 g Mehl
- 1 Würfel Hefe (42 g)
- ¼ l lauwarme Milch
- 100 g Zucker
- 1 Pck. Vanillinzucker
- 1 Prise Salz
- 1 Ei
- 100 g Butter
- 150 g Rosinen
- 50 g Orangeat
- Butter zum Bestreichen

Backofen auf 200 °C vorheizen. Mehl in eine Schüssel geben, in die Mitte eine Mulde drücken und die Hefe einbröseln. Milch, etwas Zucker und Mehl hinzufügen und alles zu einem Vorteig verkneten. Mit etwas Mehl bestäuben und an einem warmen Ort zugedeckt ca. 20 Minuten gehen lassen. Anschließend den restlichen Zucker, Vanillinzucker, Salz, das Ei und die geschmolzene Butter oder Margarine dazugeben und alles zu einem festen Teig verarbeiten. Als letztes die Rosinen und das gehackte Orangeat unter den Teig kneten. Nun den Teig so lange schlagen, bis er Blasen wirft und sich vom Schüsselrand löst. Zugedeckt weitere 30 Minuten gehen lassen.

Dann den Teig auf einer bemehlten Arbeitsfläche zu drei gleich großen Rollen formen und einen Zopf flechten. Ein Backblech mit Backpapier auslegen und den Zopf darauf zu einem Kranz schließen. Den Zopf mit einem Geschirrtuch bedecken und weitere 20 Minuten gehen lassen. Dann mit zerlassener Butter bestreichen. Im vorgeheizten Backofen bei 200 °C ca. 45 Minuten auf der mittleren Schiene backen. Zopf aus dem Ofen nehmen und auf einem Kuchengitter auskühlen lassen.

Einkaufsliste: Osterhefezopf

- ○ Mehl
- ○ 1 Würfel (42 g) Hefe
- ○ Milch
- ○ Zucker
- ○ 1 Pck. Vanillinzucker
- ○ Salz
- ○ 1 Stck. Butter
- ○ 1 Tüte Rosinen
- ○ 1 Pckg. Orangeat
- ○ 1 Ei

Was noch?

- ○ ______________________
- ○ ______________________
- ○ ______________________
- ○ ______________________
- ○ ______________________
- ○ ______________________
- ○ ______________________
- ○ ______________________
- ○ ______________________
- ○ ______________________
- ○ ______________________
- ○ ______________________

Osterlamm

Zutaten

- 3 Eier
- 1 Eigelb
- 125 g Zucker
- 1 Pck. Vanillinzucker
- 125 g Mehl
- 25 g Speisestärke
- 75 g Butter
- etwas Mehl und Semmelbrösel für die Backform
- Backform »Osterlamm«
- Puderzucker zum Bestäuben

Eier, Eigelb, Zucker und Vanillinzucker schaumig schlagen. Mehl mit Speisestärke vermischen, auf den Eischaum sieben und vorsichtig unterheben. Die Butter erwärmen, bis sie flüssig ist, etwas abkühlen lassen und tropfenweise unter den Teig ziehen. Die Backform mit Butter ausfetten, mit Mehl und Semmelbröseln bestäuben und den Teig einfüllen.

Im Backofen bei 180 °C ca. 40 Minuten backen. Vor dem Servieren mit Puderzucker bestäuben.

Einkaufsliste: Osterlamm

- ○ 4 Eier
- ○ Zucker
- ○ 1 Pck. Vanillinzucker
- ○ Mehl
- ○ Speisestärke
- ○ 1 Stck. Butter
- ○ 1 Pckg. Semmelbrösel
- ○ Puderzucker
- ○ Backform »Osterlamm«

Was noch?

- ○ __________
- ○ __________
- ○ __________
- ○ __________
- ○ __________
- ○ __________
- ○ __________
- ○ __________
- ○ __________
- ○ __________
- ○ __________
- ○ __________

Möhrentorte

Für den Teig

- 275 g Möhren
- ½ unbehandelte Zitrone
- 5 Eigelb
- 175 g Zucker
- 250 g gemahlene Mandeln
- 100 g Mehl
- 1 Pck. Backpulver
- 5 Eiweiß

Für die Glasur

- 225 g Puderzucker
- 3-4 EL Zitronensaft
- 5 EL Mandelblättchen
- Schoko-Eier, Marzipanmöhren o. Ä. für die Deko

Die Möhren waschen, schälen und sehr fein raspeln. Die Zitrone auspressen und die Schale abreiben. Eigelb und Zucker mit dem Zitronensaft und geriebener Zitronenschale cremig rühren. Gemahlene Mandeln mit dem Mehl und dem Backpulver vermischen und zusammen mit den geraspelten Möhren unter die Eigelbmasse ziehen. Zum Schluss das Eiweiß steif schlagen und unter den Teig heben. Eine Springform mit Backpapier auslegen, den Teig einfüllen und glatt streichen. Im Backofen bei 180 °C ca. 45 Minuten backen, danach auskühlen lassen.

Für die Glasur Puderzucker mit dem Zitronensaft glatt rühren. Die Torte mit der Glasur bestreichen und mit Mandelblättchen bestreuen. Anschließend z. B. mit Schoko-Eiern, Marzipanmöhren oder Ähnlichem verzieren.

Einkaufsliste: Möhrentorte

- ○ 275 g Möhren
- ○ 1 Zitrone
- ○ 5 Eier
- ○ Zucker
- ○ 2 Tüten gemahlene Mandeln
- ○ Mehl
- ○ 1 Pck. Backpulver
- ○ Puderzucker
- ○ Zitronensaft
- ○ 1 Tüte Mandelblättchen
- ○ 1 Tüte Schoko-Eier, Marzipanmöhren o. Ä.

Was noch?

- ○ ____________________
- ○ ____________________
- ○ ____________________
- ○ ____________________
- ○ ____________________
- ○ ____________________
- ○ ____________________
- ○ ____________________
- ○ ____________________
- ○ ____________________
- ○ ____________________
- ○ ____________________

Warmer Mohrrübenkuchen

Zutaten

- 10 große Mohrrüben
- 5 Eier
- 4 EL Zucker
- 100 g zerlassene Butter
- 2 gehäufte EL Mehl
- 250 ml süße Sahne
- ¾ TL Zimt
- geriebene Zitronenschale von einer Zitrone
- Zucker zum Bestreuen

Die Möhren in einen Kochtopf geben und mit etwas Wasser dünsten. Möhren nun über einem Sieb abgießen und grob pürieren. Die übrigen Zutaten miteinander vermischen und die pürierten Möhren unterrühren.

Eine Springform mit Backpapier auslegen und die Möhrenmischung einfüllen. Im Backofen bei ca. 180 °C ca. 40 Minuten backen.

Warm servieren, vorher mit reichlich Zucker bestreuen.

Einkaufsliste: Warmer Mohrrübenkuchen

- ○ 10 große Mohrrüben
- ○ 5 Eier
- ○ Zucker
- ○ 1 Stck. Butter
- ○ Mehl
- ○ 1 Becher (250 ml) süße Sahne
- ○ Zimt
- ○ 1 Zitrone

Was noch?

- ○ ______
- ○ ______
- ○ ______
- ○ ______
- ○ ______
- ○ ______
- ○ ______
- ○ ______
- ○ ______
- ○ ______
- ○ ______
- ○ ______

Oster-Festtagstorte

Zutaten für den Teig

- 125 g Zartbitter-schokolade
- 7 Eier
- 175 g Zucker
- 1 Pck. Vanillinzucker
- 125 g gemahlene Haselnüsse
- 50 g Mehl
- 1 TL Backpulver

Für den Guss

- 150 g Butter
- 100 g Puderzucker
- 2 Eigelb
- 125 g Zartbitter-schokolade
- 1 Tüte kleine Schoko-Eier

Schokolade zerbröckeln und im heißen Wasserbad schmelzen. Eier mit dem elektrischen Handrührgerät 2 Minuten auf höchster Stufe schlagen. Dann auf mittlerer Stufe unter ständigem Rühren den mit Vanillinzucker gemischten Zucker langsam einrieseln lassen. Die geschmolzene und leicht abgekühlte Schokolade, Haselnüsse und das mit Backpulver vermischte Mehl kurz auf niedrigster Stufe unterrühren. Den Teig in eine mit Backpapier ausgelegte Springform füllen, im vorgeheizten Ofen bei 170 °C ca. 45 Minuten backen und anschließend auf einem Kuchengitter auskühlen lasen.

Für den Guss die flüssige, aber nicht mehr heiße Butter mit Puderzucker schaumig rühren, dann 2 Eigelb unterschlagen. Zuletzt die im heißen Wasserbad geschmolzene und nicht mehr zu warme Schokolade unterrühren und den Kuchen damit bestreichen. Kurz vor dem Erstarren des Gusses die Schoko-Eier ringsum über den gesamten Kuchen verteilen.

Einkaufsliste: Oster-Festtagstorte

- ○ 2 Tafeln (a 125 g) Zartbitter-Schokolade
- ○ 9 Eier
- ○ Zucker
- ○ 1 Pck. Vanillinzucker
- ○ 1 Tüte gemahlene Haselnüsse
- ○ Mehl
- ○ 1 Pck. Backpulver
- ○ 1 Stck. Butter
- ○ Puderzucker
- ○ 1 Tüte kleine Schoko-Eier

Was noch?

- ○ ____________________
- ○ ____________________
- ○ ____________________
- ○ ____________________
- ○ ____________________
- ○ ____________________
- ○ ____________________
- ○ ____________________
- ○ ____________________
- ○ ____________________
- ○ ____________________
- ○ ____________________

Osterbrot

Zutaten

- 60 g Hefe
- 150 g Zucker
- knapp ¾ l lauwarme Milch
- 1 kg Weizenmehl
- 200 g Butter
- 2 Eigelb
- 1 Prise Salz
- 1 TL abgeriebene Schale von einer Zitrone
- 200 g Rosinen
- 10 g Zitronat
- 100 g gehackte Mandeln
- 1 Eigelb zum Bestreichen

Die Hefe zerbröckeln, mit etwas Zucker und etwas lauwarmer Milch verrühren. Das Mehl in eine Schüssel sieben. In der Mitte eine Mulde drücken, die aufgelöste Hefe hinzufügen und mit etwas Mehl verrühren. Den Vorteig zugedeckt an einem warmen Ort mindestens 20 Minuten gehen lassen.

Dann Butter, Eigelb und den restlichen Zucker schaumig rühren und unter den Hefeteig mischen. Die restliche Milch, Salz sowie die abgeriebene Zitronenschale dazugeben und den Teig so lange gut durchschlagen, bis er sich von der Schüssel löst. Darauf die in Mehl gewälzten Rosinen, das gehackte Zitronat und die gehackten Mandeln in den Teig einkneten und zu einer Kugel formen. Zugedeckt an einem warmen Ort weitere 30 Minuten gehen lassen.

Nochmals durchkneten und zu einem Brotlaib formen. Das Eigelb in einer Tasse verquirlen, das Brot damit bestreichen und mit einem Messer kreuzförmig einschneiden. Das Brot auf ein mit Backpapier ausgelegtes Backblech setzen und im vorgeheizten Ofen bei 200 °C ca. 50 bis 60 Minuten backen.

Einkaufsliste: Osterbrot

- ○ 2 Würfel Hefe (à 42 g)
- ○ Zucker
- ○ Milch
- ○ Weizenmehl
- ○ 1 Stck. Butter
- ○ 3 Eier
- ○ Salz
- ○ 1 Zitrone
- ○ 1 Tüte (200 g) Rosinen
- ○ 1 Pckg. Zitronat
- ○ 1 Tüte gehackte Mandeln

Was noch?

- ○ ______________________
- ○ ______________________
- ○ ______________________
- ○ ______________________
- ○ ______________________
- ○ ______________________
- ○ ______________________
- ○ ______________________
- ○ ______________________
- ○ ______________________
- ○ ______________________
- ○ ______________________

Osternester

Zutaten

- 500 g Mehl
- 40 g Hefe
- ¼ l lauwarme Milch
- 50 g Butter
- 1 Ei
- 1 Prise Salz
- 50 g Zucker
- 1 Eigelb
- 12 hart gekochte Eier

Mehl in eine Schüssel sieben, eine Mulde hineindrücken. Die Hefe hineinbröseln und mit der Milch und etwas Mehl zu einem Vorteig verrühren. Zugedeckt ca. 15 Minuten an einem warmen Ort gehen lassen. Die Butter zerlassen, mit dem Ei, dem Salz und dem Zucker verrühren und zusammen mit dem Vorteig und dem Mehl zu einem trockenen Hefeteig verarbeiten. Den Teig nochmals 15 Minuten an einem warmen Ort gehen lassen, dann ausrollen und in Streifen schneiden. Diese flechten und zu einem einfachen Nest schließen. Ein Backblech mit Backpapier auslegen und ca. 12 Nester darauf anordnen. In die Mitte der Nester jeweils eins der gekochten Eier drücken und mit Eigelb bestreichen.

Die Nester im vorgeheizten Backofen bei 200 °C ca. 20 Minuten backen. Nach dem Abkühlen können die Eier auch bemalt werden.

Einkaufsliste: Osternester

- ○ Mehl
- ○ 1 Würfel (42 g) Hefe
- ○ Milch
- ○ 1 Stck. Butter
- ○ 14 Eier
- ○ Salz
- ○ Zucker

Was noch?

- ○ ____
- ○ ____
- ○ ____
- ○ ____
- ○ ____
- ○ ____
- ○ ____
- ○ ____
- ○ ____
- ○ ____
- ○ ____
- ○ ____

Beschwipste Ostertorte

Zutaten

- 6 Eier, getrennt
- 150 g Zucker
- 1 Pck. Vanillinzucker
- 1 Fläschchen Zitronen-aroma
- 100 g Mehl
- 100 g Speisestärke
- 1 TL Backpulver
- 4 TL löslicher Kaffee
- 2 EL heißes Wasser
- 4 Blatt weiße Gelatine
- 50 g Puderzucker
- 600 ml Schlagsahne
- 75 g Schokoraspel
- 4 EL Eierlikör
- 100 g Mandelblättchen
- 375 ml Sahne
- 2 Pck. Vanillinzucker

Eigelb, Zucker, Vanillinzucker und Zitronenaroma schaumig schlagen. Mehl mit der Speisestärke und Backpulver vermischen und nach und nach unter die Eiermasse rühren. Zum Schluss das zu Eischnee geschlagene Eiweiß unterheben. Eine Springform mit Backpapier auslegen, den Teig einfüllen, glatt streichen und im Backofen bei 180 °C ca. 35 Minuten goldgelb backen. Nach dem Backen abkühlen lassen und zweimal quer teilen. Um den unteren Boden einen Tortenring umlegen. Kaffee in dem 2 EL heißem Wasser auflösen. Gelatine nach Packungsanweisung einweichen. Schlagsahne steif schlagen, dabei den Puderzucker vorsichtig einrieseln lassen und die ausgedrückte Gelatine unterrühren. Eine Hälfte der Sahne mit dem Kaffeesud und den Schokoraspeln vermengen, unter die andere Hälfte den Eierlikör mischen. Den Boden nun mit der Kaffee-Schokosahne füllen, den mittleren Boden aufsetzen und mit der Eierlikörsahne bestreichen. Nun den obersten Boden auflegen. Die Mandelblättchen in einer beschichteten Pfanne rösten. Die restliche Sahne mit dem Vanillinzucker steif schlagen. Die Oberfläche und den Rand der Torte nun mit der Sahne bestreichen und mit Mandelblättchen bestreuen.

Einkaufsliste: Beschwipste Ostertorte

- ○ 6 Eier
- ○ Zucker
- ○ 3 Pck. Vanillinzucker
- ○ 1 Fläschchen Zitronenaroma
- ○ Mehl
- ○ Speisestärke
- ○ 1 Pck. Backpulver
- ○ Instant-Kaffeepulver
- ○ 1 Pckg. Blattgelatine
- ○ Puderzucker
- ○ 5 Becher (à 200 ml) Schlagsahne
- ○ 1 Tüte Schokoraspel
- ○ 1 kleine Flasche Eierlikör
- ○ 1 Tüte Mandelblättchen

Was noch?

- ○ ______
- ○ ______
- ○ ______
- ○ ______
- ○ ______
- ○ ______
- ○ ______
- ○ ______
- ○ ______
- ○ ______
- ○ ______
- ○ ______

Bunte Ostereier-Torte

Zutaten für den Biskuitboden

- 5 Eier
- 150 g Zucker
- 200 g Mehl
- 50 g Butter

Für den Belag

- 2 Becher süße Sahne
- 2 Becher saure Sahne
- 2 Pck. Vanillinzucker
- 2 Pck. Sahnesteif
- 1 Pck. Kirsch-Kaltschale (Instant)

Für die Deko

- 1 Tüte kleine bunte Zucker-Eier

Backofen auf ca. 180 °C vorheizen. Springform einfetten. Mit dem elektrischen Handrührgerät die Eier mit dem Zucker schaumig schlagen. Das Mehl einrieseln lassen und die flüssige Butter vorsichtig unterheben. Teig in die Form füllen und den Boden ca. 25 Minuten bei 180 °C abbacken. Vorsichtig den Rand des Bodens von der Springform lösen, Boden auf ein Kuchengitter stürzen und erkalten lassen. Den Tortenboden auf eine Tortenplatte legen und einen Tortenring umlegen.

Süße und saure Sahne, Vanillinzucker und Sahnesteif in eine Rührschüssel geben und alles ca. 2 bis 3 Minuten aufschlagen. Nun die Kirsch-Kaltschale so lange unter die Sahnemasse rühren, bis sie zu gelieren beginnt. Die Sahne auf den Tortenboden streichen und ringsherum mit bunten Ostereiern dekorieren. Vor dem Verzehr mehrere Stunden im Kühlschrank fest werden lassen.

Einkaufsliste: Bunte Ostereier-Torte

- ○ 5 Eier
- ○ Zucker
- ○ Mehl
- ○ 1 Stck. Butter
- ○ 2 Becher (à 200 ml) süße Sahne
- ○ 2 Becher (à 200 ml) saure Sahne
- ○ 2 Pck. Vanillinzucker
- ○ 2 Pck. Sahnesteif
- ○ 1 Pck. Kirsch-Kaltschale (Instant)
- ○ 1 Tüte kleine bunte Zucker-Eier

Was noch?

- ○ ______
- ○ ______
- ○ ______
- ○ ______
- ○ ______
- ○ ______
- ○ ______
- ○ ______
- ○ ______
- ○ ______
- ○ ______
- ○ ______

Osterbrötchen

Für den Teig

- ½ Hefewürfel (ca. 20 g)
- 50 ml warmes Wasser
- 500 g Mehl
- 250 g Milch
- ¼ TL Salz
- 75 g weiche Butter
- 100 g Zucker
- 50 g Orangeat
- 1 Prise Muskat

Für die Glasur

- 2 Eiweiß
- 100 g Puderzucker

Hefewürfel in dem handwarmen Wasser auflösen und ca. 10 Minuten quellen lassen. Mehl in eine Schüssel sieben, in der Mitte eine Mulde drücken und die aufgelöste Hefe hinzufügen. Mit etwas Milch zu einem dünnen Brei verrühren. 15 Minuten an einem warmen Ort gehen lassen. Dann das Salz und die weiche Butter mit einem Holzlöffel untermengen. Nach und nach die restliche Milch, das restliche Mehl, Zucker, Orangeat und Muskat dazugeben. Alle gut miteinander vermengen und anschließend mit den Händen auf einer bemehlten Arbeitsfläche gut durchkneten und zu einer Kugel formen. Mit einem feuchten Tuch bedeckt an einem warmen Ort mindestens 2 Stunden gehen lassen. Dann nochmals alles gründlich durchkneten. Aus dem Teig kleine runde Brötchen formen und auf ein mit Backpapier ausgelegtes Backblech setzen. Die Oberfläche der Brötchen kreuzweise mit einem Messer einschneiden. Die Brötchen nochmals ca. 15 Minuten gehen lassen, dann mit Eigelb bestreichen und eventuell die Einschnitte nochmals vertiefen. Im Backofen bei 200 °C ca. 20 Minuten backen. Eiweiß steif schlagen, dabei Puderzucker einrieseln lassen. Die Einschnitte der fertigen und noch heißen Brötchen sofort mit dem Eischnee bepinseln.

Einkaufsliste: Osterbrötchen

- ○ 1 Hefewürfel (42 g)
- ○ Mehl
- ○ Milch
- ○ Salz
- ○ 1 Stck. Butter
- ○ Zucker
- ○ 1 Pckg. Orangeat
- ○ geriebene Muskatnuss
- ○ 2 Eier
- ○ Puderzucker

Was noch?

- ○ ____________________
- ○ ____________________
- ○ ____________________
- ○ ____________________
- ○ ____________________
- ○ ____________________
- ○ ____________________
- ○ ____________________
- ○ ____________________
- ○ ____________________
- ○ ____________________
- ○ ____________________

Mandelkuchen mit Möhren

Zutaten

- 300 g Möhren
- 4 Eier, getrennt
- 200 g Zucker
- 1 TL abgeriebene Zitronenschale
- 250 g gemahlene Mandeln
- 1 gehäufter EL Mehl
- ½ TL Backpulver
- Fett für die Form
- 50 g Pinienkerne
- 30 g Puderzucker

Die Möhren putzen und fein raspeln. Das Eiweiß sehr steif schlagen. Eigelb, Zucker und Zitronenschale cremig rühren. Dann nach und nach das mit dem Backpulver vermischte Mehl, Möhren und Mandeln unterrühren. Zum Schluss vorsichtig das zu Eischnee geschlagene Eiweiß unterheben. Eine Springform einfetten, die Masse einfüllen und mit Pinienkernen bestreuen. Im vorgeheizten Backofen bei 180 Grad auf der mittleren Backschiene 45 Minuten backen. 10 Minuten vor Ende der Garzeit mit Alufolie abdecken, damit der Kuchen nicht austrocknet. Den Kuchen in der Form abkühlen lassen. Vor dem Servieren mit Puderzucker bestäuben.

Einkaufsliste: Mandelkuchen mit Möhren

- ○ 300 g Möhren
- ○ 4 Eier
- ○ Zucker
- ○ 1 Zitrone
- ○ 2 Tüten gemahlene Mandeln
- ○ Mehl
- ○ 1 Pck. Backpulver
- ○ Margarine
- ○ 1 Tüte Pinienkerne
- ○ Puderzucker

Was noch?

- ○ ____________________________
- ○ ____________________________
- ○ ____________________________
- ○ ____________________________
- ○ ____________________________
- ○ ____________________________
- ○ ____________________________
- ○ ____________________________
- ○ ____________________________
- ○ ____________________________
- ○ ____________________________
- ○ ____________________________

Osterhasi-Schnitten

Zutaten für den Teig

- 150 g Zucker
- 1 Pck. Vanillinzucker
- etwas Salz
- 4 Eier, getrennt
- 150 g gemahlene Nüsse
- Aprikosenmarmelade

Für die Creme

- 3 Eigelb
- 80 g Zucker
- 60 ml Milch
- ½ EL Mehl
- 120 g weiche Butter
- 1 Pck. Vanillinzucker

Glasur

- 2 bis 3 EL Zitronensaft
- 250 g Puderzucker
- Walnusshälften zum Verzieren
- 1 Tafel Vollmilch-Schokolade

Zucker, Vanillinzucker, Salz und Eigelb schaumig schlagen, dann das steif geschlagene Eiweiß und die Nüsse unterheben. Auf ein mit Backpapier ausgelegtes Backblech streichen und im Backofen bei 180 °C ca. 25 Minuten hellgelb backen. Sofort halbieren und eine Hälfte mit Aprikosenmarmelade bestreichen. Für die Creme Eigelb, Zucker, Milch und Mehl im warmen Wasserbad schlagen, bis eine dicke Creme entsteht. Anschließend etwas abkühlen lassen. Dann die weiche Butter und Vanillinzucker dazugeben, alles cremig rühren. Die Creme auf eine Teighälfte mit der Aprikosenmarmelade streichen und mit der anderen Teighälfte abdecken. Zitronensaft erhitzen und mit dem Puderzucker verrühren. Die Zitronenglasur über den Kuchen verstreichen und sofort mit den in der zerlassenen Schokolade getauchten Nusshälften verzieren.

Einkaufsliste: Osterhasi-Schnitten

- ○ Zucker
- ○ 2 Pck. Vanillinzucker
- ○ Salz
- ○ 7 Eier
- ○ 1 Tüte gemahlene Nüsse
- ○ 1 Glas Aprikosen-marmelade
- ○ Milch
- ○ Mehl
- ○ 1 Stck. Butter
- ○ Zitronensaft
- ○ Puderzucker
- ○ 1 Tüte Walnusshälften
- ○ 1 Tafel Vollmilch-Schokolade

Was noch?

○ ____________________

○ ____________________

○ ____________________

○ ____________________

○ ____________________

○ ____________________

○ ____________________

○ ____________________

○ ____________________

○ ____________________

○ ____________________

○ ____________________

Erdbeer-Sahnetorte

Zutaten

- 3 Eier
- 225 g Zucker
- 1 TL Backpulver
- 25 g Stärkemehl

Für den Belag

- 125 g Erdbeer-Konfitüre
- 100 g Mehl
- 500 g Joghurt
- 40 ml Zitronensaft
- 150 g Schmand
- 10 Blatt Gelatine
- 600 g Sahne
- 300 g Erdbeeren

Eier und 100 g Zucker schaumig schlagen. Nach und nach das mit dem Backpulver und Stärke vermischte Mehl unterheben und zu einem geschmeidigen Teig verarbeiten. Den Teig in eine mit Backpapier ausgelegte Springform füllen und bei 175 °C ca. 20 Minuten auf der mittleren Schiene backen. Nach dem Erkalten einmal längs halbieren. Den unteren Tortenboden mit der Konfitüre bestreichen und einen Tortenring umlegen.

Erdbeeren putzen und je nach Größe halbieren oder vierteln.

Für die Erdbeercreme Joghurt, Zitronensaft, 100 g Zucker und Schmand gut verrühren. Die Gelatine nach Packungsanweisung einweichen, dann gut ausdrücken und unter die Creme rühren. Sahne mit dem restlichen Zucker steif schlagen und die Hälfte davon unter die Creme heben. Creme und zwei Drittel der Erdbeeren auf den Boden geben, dann den oberen Boden darauf setzen. Tortenring lösen und die restliche Sahne verstreichen. Alles mit Erdbeeren garnieren.

Einkaufsliste: Erdbeer-Sahnetorte

- ○ 3 Eier
- ○ Zucker
- ○ 1 Pck. Backpulver
- ○ Stärkemehl
- ○ Mehl
- ○ 2 Becher (à 250 ml) Joghurt
- ○ Zitronensaft
- ○ 1 Becher Schmand
- ○ 2 Pckg. Blattgelatine
- ○ 1 Glas Erdbeer-Konfitüre
- ○ 3 Becher (à 200 ml) Sahne
- ○ 300 g Erdbeeren

Was noch?

- ○ ____________________
- ○ ____________________
- ○ ____________________
- ○ ____________________
- ○ ____________________
- ○ ____________________
- ○ ____________________
- ○ ____________________
- ○ ____________________
- ○ ____________________
- ○ ____________________
- ○ ____________________

Schwarzwälder Kirschtorte

Zutaten für den Teig

- 125 g Zartbitterschokolade
- 150 g weiche Butter
- 125 g Zucker
- 4 Eier
- 1 Pck. Vanillinzucker
- je 75 g gemahlene Mandeln, Mehl und Speisestärke
- 1 Pck. Backpulver
- 4 EL Kirschwasser

Für die Füllung

- 6 Blatt Gelatine
- 1 Glas Sauerkirschen, entsteint
- 600 g Sahne
- 2 EL Zucker

Mit einem scharfen Messer von der Schokolade 2 EL Schokolade raspeln, die restliche Schokolade im heißen Wasserbad schmelzen. Butter, Zucker, Eier und Vanillinzucker schaumig schlagen. Und die flüssige, aber abgekühlte Schokolade unterrühren. Mandeln mit dem Mehl, Speisestärke, Semmelbröseln und dem Backpulver vermischen und nach und nach unter die Butter-Eier-Masse ziehen. Alles gründlich verrühren, zu einem geschmeidigen Teig verarbeiten und in eine gefettete Springform füllen. Bei 180 °C ca. 45 Minuten auf der mittleren Schiene backen. Dann den Kuchen völlig abkühlen lassen und zweimal quer halbieren. Die einzelnen Böden mit Kirschwasser beträufeln.

Für die Füllung die Gelatine nach Packungsanweisung einweichen. Die Kirschen gut abtropfen lassen. Sahne mit dem Zucker steif schlafen. Die ausgedrückte Gelatine nach und nach unter die Schlagsahne mischen. Die unteren Böden mit Kirschen und zwei Drittel der Schlagsahne bedecken, den obersten Teil aufsetzen und die Torte mit der restlichen Sahne überziehen und mit einigen Kirschen garnieren.

Einkaufsliste: Schwarzwälder Kirschtorte

- ○ 1 Tafel Zartbitterschokolade
- ○ 1 Stck. Butter
- ○ Zucker
- ○ 4 Eier
- ○ 1 Pck. Vanillinzucker
- ○ 1 Tüte gemahlene Mandeln
- ○ Mehl
- ○ Speisestärke
- ○ 1 Pck. Backpulver
- ○ 1 kleine Flasche Kirschwasser
- ○ 1 Pckg. Blattgelatine
- ○ 1 Glas Sauerkirschen
- ○ 3 Becher (à 200 ml) Sahne

Was noch?

- ○ ________________
- ○ ________________
- ○ ________________
- ○ ________________
- ○ ________________
- ○ ________________
- ○ ________________
- ○ ________________
- ○ ________________
- ○ ________________
- ○ ________________
- ○ ________________

Biskuitrolle mit Johannisbeeren

Zutaten

- 3 Eier, getrennt
- 3 EL kaltes Wasser
- 1 Pck. Vanillinzucker
- 150 g Zucker
- 60 g Speisestärke
- 1 TL Backpulver
- 60 g Mehl
- 500 g Johannisbeeren
- etwas Orangenlikör
- 3 EL Johannisbeer-marmelade
- Zucker und Puderzucker zum Bestreuen

Eier trennen. Eiweiß mit 3 EL kaltem Wasser sehr steif schlagen, Zucker und Vanillinzucker hinzufügen und weiter schlagen. Nun das Eigelb und das mit Speisestärke und Backpulver vermischte Mehl hinzufügen. Alles zu einem geschmeidigen Teig verarbeiten. Backblech mit wenig Wasser benetzen und mit Backpapier auslegen. Den Teig auf das Blech streichen und bei 200 °C ca. 12 bis 15 Minuten backen.

Inzwischen die Johannisbeeren waschen und verputzen. Johannisbeermarmelade mit Orangenlikör verrühren. Ein Geschirrtuch mit Zucker bestreuen und den Biskuitboden auf das Küchentuch stürzen. Backpapier mit kaltem Wasser bestreichen und abziehen. Nun den Teig mit der Likör-Marmelade bestreichen und die Johannisbeeren darüber verstreuen. Mit der flachen Hand die Beeren leicht andrücken und mit Hilfe des Geschirrtuches den Teig aufrollen.

Vor dem Servieren die Biskuitrolle mit Puderzucker bestäuben.

Einkaufsliste: Biskuitrolle mit Johannisbeeren

- ○ 3 Eier
- ○ 1 Pck. Vanillinzucker
- ○ Zucker
- ○ Speisestärke
- ○ 1 Pck. Backpulver
- ○ Mehl
- ○ 500 g Johannisbeeren
- ○ Orangenlikör
- ○ 1 Glas Johannisbeermarmelade
- ○ Puderzucker

Was noch?

- ○ ______
- ○ ______
- ○ ______
- ○ ______
- ○ ______
- ○ ______
- ○ ______
- ○ ______
- ○ ______
- ○ ______
- ○ ______
- ○ ______

Johannisbeerkuchen

Zutaten

- 500 g rote Johannisbeeren
- 500 g schwarze Johannisbeeren
- 100 g Kürbiskerne
- 250 g Butter
- 200 g Zucker
- 1 Ei
- 1 Prise Salz
- 500 g Mehl
- 1 TL Backpulver
- 2 Pck. Vanillinzucker
- 125 g Puderzucker
- 1 ½ EL Zitronensaft

Backofen auf 200 °C vorheizen. Johannisbeeren verlesen, waschen und abtropfen lassen. Kürbiskerne fein hacken. Butter, Zucker, Salz und Ei schaumig schlagen. Mehl, gehackte Kürbiskerne und Backpulver vermischen und unter die Buttermasse heben. Alles zu Streusel verarbeiten.

Ein Backblech mit Backpapier auslegen und drei Viertel der Streusel darauf verteilen.

Johannisbeeren mit Vanillinzucker vermischen und auf dem Blech verteilen. Die restlichen Streusel darüber streuen. Im Backofen auf der untersten Schiene bei 200 °C ca. 30 bis 35 Minuten backen und auskühlen lassen. Puderzucker mit Zitronensaft verrühren, in einen Gefrierbeutel füllen und eine winzige Ecke abschneiden. Nun mit dem Zitronenguss fadenartig den Kuchen überziehen.

Einkaufsliste: Johannisbeerkuchen

- ○ 500 g rote Johannisbeeren
- ○ 500 g schwarze Johannisbeeren
- ○ 100 g Kürbiskerne
- ○ 1 Stck. Butter
- ○ Zucker
- ○ 1 Ei
- ○ Salz
- ○ Mehl
- ○ 1 Pck. Backpulver
- ○ 2 Pck. Vanillinzucker
- ○ 1 Pckg. Puderzucker
- ○ 1 Zitrone

Was noch?

- ○ ____________________
- ○ ____________________
- ○ ____________________
- ○ ____________________
- ○ ____________________
- ○ ____________________
- ○ ____________________
- ○ ____________________
- ○ ____________________
- ○ ____________________
- ○ ____________________
- ○ ____________________

Omas schneller Kirschkuchen

Zutaten

- 175 g Butter
- 175 g Zucker
- 1 Prise Salz
- 4 Eier
- 6 EL Milch
- 325 g Mehl
- 1 Pck. Backpulver
- 1 EL Kakao
- 4 EL gemahlene Mandeln
- 1 TL Zimt
- 1 EL Rum
- 1 Tafel Blockschokolade
- 500 g Sauerkirschen
- 100 g Zucker
- Puderzucker zum Bestäuben

Butter, Zucker, Salz, Eier und Milch schaumig schlagen. Nach und nach das mit dem Backpulver, Kakao, Mandeln und Zimt vermischte Mehl hinzufügen. Mit einem scharfen Messer die Blockschokolade raspeln und zusammen mit dem Rum unter den Teig heben. Alles zu einem geschmeidigen Teig verarbeiten. Die Sauerkirschen entsteinen und unter Zugabe von Zucker aufkochen, abgießen und abkühlen lassen. Zwei Drittel des Teiges in eine gefettete oder beschichtete Springform füllen und mit Kirschen bedecken. Den restlichen Teig über die Kirschen verteilen.

Im vorgeheizten Backofen bei 200 °C ca. 60 Minuten backen. Den Kuchen in der Form etwas auskühlen lassen und danach mit Puderzucker bestäuben.

Einkaufsliste: Omas schneller Kirschkuchen

- ○ 1 Stck. Butter
- ○ Zucker
- ○ Salz
- ○ 4 Eier
- ○ Milch
- ○ Mehl
- ○ 1 Pck. Backpulver
- ○ Kakao
- ○ 1 Tüte gemahlene Mandeln
- ○ Zimt
- ○ 1 Miniflasche Rum
- ○ 1 Tafel Blockschokolade
- ○ 500 g Sauerkirchen
- ○ Puderzucker

Was noch?

- ○ ____________________
- ○ ____________________
- ○ ____________________
- ○ ____________________
- ○ ____________________
- ○ ____________________
- ○ ____________________
- ○ ____________________
- ○ ____________________
- ○ ____________________
- ○ ____________________
- ○ ____________________

Rhabarbertorte mit Mascarpone

Zutaten
für den Boden

- 8 Eier, getrennt
- 1 ½ Pck. Vanillinzucker
- 200 g Zucker
- 80 g Speisestärke
- 80 g gemahlene Mandeln

Für die Füllung

- 1 kg frischer Rhabarber
- 300 g Zucker
- 8 Blatt Gelatine
- 3 Eier, getrennt
- 500 g Mascarpone
- 200 ml Sahne

Für den Boden Eigelb mit Vanillinzucker und Zucker cremig schlagen. Stärkemehl mit den Mandeln vermischen und unter die Eigelbmasse rühren. Zum Schluss das steif geschlagene Eiweiß unter die Teigmasse ziehen. Den Teig in eine gefettete Springform füllen und im vorgeheizten Backofen bei 180 °C ca. 10 Minuten backen und abkühlen lassen. Rhabarber putzen, schälen und in Stücke schneiden. Mit der Hälfte vom Zucker und wenig Wasser dünsten, dann etwa zwei Drittel davon durch ein Sieb streichen und erkalten lassen. Das übrige Kompott kühl stellen. Für die Mascarpone-Creme die Gelatine nach Packungsanweisung einweichen. Die Eigelb in einer hitzebeständigen Schüssel mit dem übrigen Zucker cremig schlagen. Die Gelatine ausdrücken und die Hälfte davon in der Eiermasse auflösen. Die übrige Gelatine unter das Rhabarber-Püree ziehen. Die Eiermasse bei mittlerer Hitze auf den Herd stellen und unter ständigem Rühren die Masse erwärmen. Die Sahne steif schlagen und zusammen mit dem Mascarpone unter die Eiermasse ziehen. Leicht abkühlen lassen. Die Mascarponecreme teilen und etwa ein Viertel der Rhabarbermasse unter eine Hälfte ziehen. Einen Boden auf eine Tortenplatte legen und mit einem Tortenring versehen. Die Creme darauf verteilen und ca. 30 Minuten in den Kühlschrank stellen. Dann das übrige Rhabarberpüree darauf verteilen. Die Torte nochmals ca. 2 Stunden kühl stellen und dann mit Rhabarberkompott servieren.

Einkaufsliste: Rhabarbertorte mit Mascarpone

- ○ 11 Eier
- ○ 2 Pck. Vanillinzucker
- ○ Zucker
- ○ Speisestärke
- ○ 1 Tüte gemahlene Mandeln
- ○ 1 kg frischer Rhabarber
- ○ 2 Pckg. Blattgelatine
- ○ 500 g Mascarpone
- ○ 1 Becher (200 ml) Sahne

Was noch?

- ○ ____________________
- ○ ____________________
- ○ ____________________
- ○ ____________________
- ○ ____________________
- ○ ____________________
- ○ ____________________
- ○ ____________________
- ○ ____________________
- ○ ____________________
- ○ ____________________
- ○ ____________________

Sommertorte

Zutaten für den Teig

- 4 Eier, getrennt
- 2 Tassen Zucker
- 1 Tasse Öl
- 1 Tasse Orangen-limonade
- 3 Tassen Mehl
- 1 Pck. Backpulver

Zutaten für den Belag

- ¼ l Mandarinensaft
- 1 Pck. Tortenguss
- 4–5 kleine Dosen Mandarinen
- 2 Becher Sahne
- 1 EL Zucker
- 2 Becher Schmand
- Zucker und Zimt

Eier trennen. Eigelb mit Zucker, Öl und Limonade schaumig schlagen, bis sich der Zucker völlig gelöst hat. Mehl und Backpulver mischen und mit den erstgenannten Zutaten zu einem geschmeidigen Teig verarbeiten. Zum Schluss das steif geschlagene Eiweiß unterheben. Den Teig auf ein gefettetes Backblech streichen und ca. 25 Minuten bei ca. 200 °C abbacken. Kurz abkühlen lassen.

Mandarinen über einem Sieb abtropfen lassen, dabei den Saft auffangen. ¼ Liter Mandarinensaft mit dem Tortenguss nach Packungsanweisung andicken und auf den noch lauwarmen Kuchen streichen. Sofort die Mandarinen auf dem Kuchen verteilen. Nun den Kuchen völlig auskühlen lassen. Die Schlagsahne mit dem Zucker steif schlagen, vorsichtig den Schmand unterheben und über die Mandarinen streichen. Etwas Zucker und Zimt vermischen und den Kuchen damit bestreuen.

Einkaufsliste: Sommertorte

- ○ 4 Eier
- ○ Zucker
- ○ Öl
- ○ 1 Flasche Orangenlimonade
- ○ Mehl
- ○ 1 Pck. Backpulver
- ○ 1 Pck. Tortenguss
- ○ 5 kleine Dosen Mandarinen
- ○ 2 Becher (à 200 ml) Sahne
- ○ 2 Becher (à 200 ml) Schmand
- ○ Zimt

Was noch?

- ○ ____________________
- ○ ____________________
- ○ ____________________
- ○ ____________________
- ○ ____________________
- ○ ____________________
- ○ ____________________
- ○ ____________________
- ○ ____________________
- ○ ____________________
- ○ ____________________
- ○ ____________________

Rhabarberkuchen mit Guss

Zutaten

- 1 kg Rhabarber
- 150 g Zucker

Für den Teig

- 100 g Butter
- 100 g Zucker
- 1 Ei
- 2 EL Weißwein
- 2 TL Backpulver
- 250 g Mehl

Für den Guss

- 200 g Crème fraîche
- 2 Eier
- 80 g gehackte Mandeln
- 1 Pck. Vanillinzucker
- 1 TL Zimt
- 75 g Zucker

Rhabarber waschen, putzen und in kleine Stücke schneiden. In einer Schüssel mit 125 g Zucker bestreuen und ca. 60 Minuten ziehen lassen.

Butter, Zucker, Ei und Weißwein schaumig rühren, Mehl mit dem Backpulver vermischen und unter die Eiermasse rühren. Alles gut verkneten. Den Teig ca. 20 Minuten im Kühlschrank ruhen lassen. Dann eine gefettete oder beschichtete Springform mit dem Teig auslegen und die Ränder dabei etwas hochziehen. Rhabarberstücke gegebenenfalls abtropfen lassen und den Teigboden mit den Obststücken bedecken. Im vorgeheizten Backofen bei 180 °C ca. 40 Minuten backen.

In der Zwischenzeit einen Guss aus Crème fraîche, Eiern, Mandeln, Vanillinzucker, Zimt und Zucker herstellen. Den Kuchen damit überziehen und weitere 20 bis 30 Minuten backen. Eventuell die Hitze reduzieren.

Einkaufsliste: Rhabarberkuchen mit Guss

- ○ 1 kg Rhabarber
- ○ Zucker
- ○ 1 Stck. Butter
- ○ 3 Eier
- ○ Weißwein
- ○ 1 Pck. Backpulver
- ○ Mehl
- ○ 1 Becher (200 g) Crème fraîche
- ○ 1 Tüte gehackte Mandeln
- ○ 1 Pck. Vanillinzucker
- ○ Zimt

Was noch?

- ○ ____________________
- ○ ____________________
- ○ ____________________
- ○ ____________________
- ○ ____________________
- ○ ____________________
- ○ ____________________
- ○ ____________________
- ○ ____________________
- ○ ____________________
- ○ ____________________
- ○ ____________________

Multivitaminsaft-Torte

Zutaten für den Teig

- 6 Eier
- 200 g Zucker
- 1 Pck. Vanillinzucker
- 200 g Mehl

Zutaten für den Belag

- 1 Pck. Vanillepudding-pulver
- ½ l Multivitaminsaft
- 5 Bananen
- 2 Becher Schlagsahne
- 2 Pck. Sahnesteif
- 2 Pck. Vanillinzucker

Zutaten für die Deko

- Schokostreusel

Eier schaumig schlagen, Zucker und Vanillinzucker einrieseln lassen, dann das Mehl unterrühren. Den Teig in eine gefettete Springform füllen und im vorgeheizten Backofen bei 180 °C ca. 40 Minuten backen. Aus der Form lösen, auskühlen lassen und einen Tortenring um den Boden legen.

Puddingpulver nach Packungsanweisung, aber statt mit Milch mit Multivitaminsaft aufkochen und etwas abkühlen lassen. Bananen quer schneiden, auf den abgekühlten Boden legen und den Pudding auf die Bananen streichen. Völlig abkühlen lassen. Die Sahne mit Vanillinzucker und Sahnesteif steif schlagen, kuppelartig auf dem Kuchen verteilen und mit Schokostreuseln bestreuen.

Einkaufsliste: Multivitaminsaft-Torte

- ○ 6 Eier
- ○ Zucker
- ○ 3 Pck. Vanillinzucker
- ○ Mehl
- ○ 1 Pck. Vanillepudding-pulver
- ○ 1 Flasche Multi-vitaminsaft
- ○ 5 Bananen
- ○ 2 Becher Schlagsahne (à 200 ml)
- ○ 2 Pck. Sahnesteif
- ○ 1 Tüte Schokostreusel

Was noch?

- ○ ______________________
- ○ ______________________
- ○ ______________________
- ○ ______________________
- ○ ______________________
- ○ ______________________
- ○ ______________________
- ○ ______________________
- ○ ______________________
- ○ ______________________
- ○ ______________________
- ○ ______________________

Wackelpudding-Torte

Zutaten für den Teig

- 2 Eier
- 2 EL heißes Wasser
- 100 g Zucker
- 1 Pck. Vanillinzucker
- 100 g Weizenmehl
- 50 g Speisestärke
- 1 TL Backpulver

Zutaten für den Belag

- 1 Pck. Waldmeister-Götterspeise
- 2 Kiwi
- einige Weintrauben
- 2 Bananen

Backofen auf 180 °C vorheizen. Für den Teig Eier und Wasser verrühren. Zucker und Vanillinzucker zufügen und mit dem elektrischen Rührgerät ca. 2 bis 3 Minuten alles zu einer schaumigen Masse schlagen. Mehl, Speisestärke und Backpulver vermischen, der Eiercreme hinzufügen und alles nochmals mit dem elektrischen Handrührgerät auf niedrigster Stufe verrühren. Den Teig in eine gefettete und mit Backpapier ausgelegte Springform füllen und auf mittlerer Schiene ca. 25 Minuten abbacken.

Dann den Tortenboden aus der Backform lösen, auf ein Kuchengitter stürzen, Backpapier abziehen und abkühlen lassen.

Götterspeise nach Packungsanweisung zubereiten und kühl stellen, bis sie anfängt zu gelieren. Kiwi schälen, in Scheiben schneiden und mit den Weintrauben und den in Scheiben geschnittenen Bananen auf dem Tortenboden verteilen. Anschließend den noch nicht ganz steifen Wackelpudding über das Obst verteilen und die Torte im Kühlschrank völlig fest werden lassen.

Einkaufsliste: Wackelpudding-Torte

- ○ 2 Eier
- ○ Zucker
- ○ 1 Pck. Vanillinzucker
- ○ Weizenmehl
- ○ Speisestärke
- ○ 1 Pck. Backpulver
- ○ 1 Pckg. Waldmeister-Götterspeise
- ○ 2 Kiwi
- ○ einige Weintrauben
- ○ 2 Bananen

Was noch?

○ ____________________

○ ____________________

○ ____________________

○ ____________________

○ ____________________

○ ____________________

○ ____________________

○ ____________________

○ ____________________

○ ____________________

○ ____________________

○ ____________________

Blechstreuselkuchen mit Aprikosen

Zutaten für den Teig

- 200 g Butter
- 225 g Zucker
- 4 Eier
- 1 Prise Salz
- 4 EL Milch
- 1 Pck. Vanillinzucker
- 1 Pck. Backpulver
- 375 g Mehl

Für den Belag

- 1 Dose Aprikosen (850 g)
- 100 g gehackte Mandeln

Für die Streusel

- 100 g Butter
- 125 g Zucker
- 1 Messerspitze Zimt
- 150 g Mehl

Weiche Butter, Zucker, Eier, Salz, Milch und Vanillinzucker schaumig rühren. Anschließend nach und nach das mit dem Backpulver vermischte Mehl unterheben und alles zu einem geschmeidigen Rührteig verarbeiten. Ein Backblech mit Backpapier auslegen und darauf den Teig streichen. Aprikosen über einem Sieb abtropfen lassen, auf dem Teig verteilen und mit den gehackten Mandeln bestreuen. Die Streuselzutaten zu einem Knetteig verarbeiten und über die Aprikosen krümeln. Im Backofen bei 180 °C ca. 40 bis 45 Minuten backen.

Einkaufsliste: Blechstreuselkuchen mit Aprikosen

- ○ 2 Stck. Butter
- ○ Zucker
- ○ 4 Eier
- ○ Salz
- ○ Milch
- ○ 1 Pck. Vanillinzucker
- ○ 1 Pck. Backpulver
- ○ Mehl
- ○ 1 Dose Aprikosen (850 g)
- ○ 1 Tüte Mandeln
- ○ Zimt

Was noch?

- ○ ______
- ○ ______
- ○ ______
- ○ ______
- ○ ______
- ○ ______
- ○ ______
- ○ ______
- ○ ______
- ○ ______
- ○ ______
- ○ ______

Quarktorte mit Himbeeren

Zutaten für den Teig

- 3 Eier
- 125 g Butter
- 125 g Zucker
- 1 Pck. Vanillinzucker
- 75 g Mehl
- 75 g Stärkemehl
- 1 TL Backpulver

Für den Belag

- 500 g Quark
- 1 Tasse Zucker
- 250 ml Sahne
- 2 Pck. Sahnesteif
- 2 Pck. Vanillinzucker
- 750 g frische Himbeeren
- 1 Pck. Tortenguss, rot

Für den Teig Eigelb, Butter, Zucker und Vanillinzucker schaumig rühren. Das mit Stärkemehl und Backpulver vermischte Mehl nach und nach hinzufügen und alles zu einem geschmeidigen Rührteig verarbeiten. Zum Schluss das sehr steif geschlagene Eiweiß unterheben. Den Teig in eine gefettete oder beschichtete Backform füllen und bei 180 °C ca. 20 Minuten backen, anschließend auskühlen lassen.

In der Zwischenzeit Quark mit dem Zucker verrühren. Sahne mit Sahnesteif und Vanillinzucker steif schlagen und vorsichtig unter die Quarkmasse heben.

Um den völlig ausgekühlten Kuchen einen Tortenring legen und die Quarkmasse einfüllen. Im Kühlschrank ca. 2 Stunden fest werden lassen. Dann die Himbeeren waschen, abtropfen lassen und auf die Quarkschicht legen. Tortenguss nach Packungsanweisung herstellen und die Himbeeren damit überziehen.

Einkaufsliste: Quarktorte mit Himbeeren

- ○ 3 Eier
- ○ 1 Stck. Butter
- ○ Zucker
- ○ 3 Pck. Vanillinzucker
- ○ Mehl
- ○ Stärkemehl
- ○ 1 Pck. Backpulver
- ○ 1 Becher (500 g) Quark
- ○ 1 Becher (250 ml) Sahne
- ○ 2 Pck. Sahnesteif
- ○ 750 g frische Himbeeren
- ○ 1 Pck. Tortenguss, rot

Was noch?

- ○ ____
- ○ ____
- ○ ____
- ○ ____
- ○ ____
- ○ ____
- ○ ____
- ○ ____
- ○ ____
- ○ ____
- ○ ____
- ○ ____

Spaghettikuchen

Zutaten für den Teig

- 200 g Zucker
- 1 Pck. Vanillinzucker
- 3 Eier
- 225 g Mehl
- 1 Pck. Backpulver
- 125 g gemahlene Mandeln
- 150 g weiche Butter
- 125 g Joghurt
- 3 verschiedene Speisefarben
- Semmelmehl

Für den Guss

- 1 ½ EL Zitronensaft
- 125 g Puderzucker
- etwas gelbe Speisefarbe

Für die Deko

- Kirsch- oder Erdbeergelee

Zucker, Vanillinzucker und Eier mit dem elektrischen Handrührgerät auf höchster Stufe schaumig rühren. Mehl und Backpulver mischen und unter die Eiermasse rühren. Anschließend die Mandeln, die sehr weiche Butter und den Joghurt hinzufügen und alles mit dem Handrührgerät auf mittlerer Stufe zu einem geschmeidigen Teig verarbeiten. Nun den Teig in vier Teile teilen und jeweils mit einer anderen Speisefarbe verrühren.

Springform mit Rohrboden einfetten und mit Semmelmehl bestäuben. Mit Hilfe eines großen Esslöffels nun den Teig abwechselnd einfüllen. Im Backofen bei 180 °C ca. 45 bis 50 Minuten backen. Anschließend kurz abkühlen lassen, dann den Kuchen auf ein Kuchengitter stürzen und völlig erkalten lassen.

Aus Zitronensaft, Puderzucker und gelber Speisefarbe einen dicken, zähflüssigen Guss herstellen und als Fäden kreuz und quer über den Kuchen verteilen, dass es wie Spaghetti-Fäden aussieht. Zwischendurch mit dem Kirschgelee kleine Ketschup-Tupfer auf den Spaghetti-Fäden anordnen.

Einkaufsliste: Spaghettikuchen

- ○ Zucker
- ○ 1 Pck. Vanillinzucker
- ○ 3 Eier
- ○ Mehl
- ○ 1 Pck. Backpulver
- ○ 1 Tüte gemahlene Mandeln
- ○ 1 Stck. Butter
- ○ 1 Becher Joghurt
- ○ Speisefarbenset (3 Farben)
- ○ 1 Zitrone
- ○ Puderzucker
- ○ 1 Glas Kirschgelee

Was noch?

○ ______________________________

○ ______________________________

○ ______________________________

○ ______________________________

○ ______________________________

○ ______________________________

○ ______________________________

○ ______________________________

○ ______________________________

○ ______________________________

○ ______________________________

○ ______________________________

Kirschkranz

Zutaten

- 1 Glas Schattenmorellen
- 250 g Butter
- 250 g Zucker
- 1 Messerspitze Salz
- 4 Eier
- 200 ml Milch
- 500 g Mehl
- 1 Pck. Backpulver
- 100 g Blockschokolade
- Margarine und Semmelbrösel
- etwas Puderzucker

Die Kirschen über einem Sieb gut abtropfen lassen.

Butter, Zucker, Salz und Eier schaumig rühren. Milch hinzufügen, weiter rühren. Das Mehl mit dem Backpulver mischen und löffelweise untermengen. Die Blockschokolade mit einem scharfen Messer raspeln und die Schokoraspeln unter den Teig heben. Alles zu einem geschmeidigen Teig verarbeiten.

Eine Springform mit Kranzeinsatz einfetten und mit Semmelbröseln ausstreuen. Nun ca. ein Drittel des Teiges einfüllen und darauf die Kirschen verteilen. Den restlichen Teig auf die Kirschen verteilen. Im Backofen bei 180 °C ca. 60 Minuten backen. Vor dem Servieren mit Puderzucker bestäuben.

Einkaufsliste: Kirschkranz

1 Glas Schattenmorellen

- ○ 1 Stck. Butter
- ○ Zucker
- ○ Salz
- ○ 4 Eier
- ○ Milch
- ○ Mehl
- ○ 1 Pck. Backpulver
- ○ 1 Tafel Blockschokolade
- ○ Semmelbrösel
- ○ Puderzucker

Was noch?

○ ____________________

○ ____________________

○ ____________________

○ ____________________

○ ____________________

○ ____________________

○ ____________________

○ ____________________

○ ____________________

○ ____________________

○ ____________________

○ ____________________

Erdbeertorte mit Pistazien

Zutaten für den Boden

- 200 g Butter
- 250 g Mehl
- 125 g Zucker
- 75 g gemahlene Mandeln
- 1 Ei
- 1 Prise Salz

Für den Belag

- 375 g Erdbeeren
- 3 Blatt Gelatine
- 2 EL Zitronensaft
- 125 g Mascarpone
- 125 g Quark
- 150 g Erdbeerkonfitüre
- 2 EL gehackte Pistazien

Butter, Mehl, 75 g Zucker, Mandeln, Ei und Salz verkneten. Im Kühlschrank 20 Minuten ruhen lassen. Dann den Teig auf einer bemehlten Arbeitsfläche ausrollen, eine gefettete Springform damit belegen und einen kleinen Rand dabei hochziehen. Den Boden mit der Gabel mehrmals einstechen. Im Backofen bei 180 °C ca. 20 Minuten goldgelb backen. Ein Drittel der Erdbeeren mit dem restlichen Zucker im Mixer pürieren. Die Gelatine nach Packungsanweisung einweichen, ausdrücken und im warmen Zitronensaft auflösen. Anschließend unter das Erdbeerpüree rühren. Nun Mascarpone und Quark hinzufügen und alles nochmals gründlich verrühren.

Den inzwischen abgekühlten Boden mit Konfitüre bestreichen und einen Tortenring umlegen. Die restlichen Erdbeeren je nach Größe halbieren oder vierteln und ein Drittel auf dem Kuchenboden verteilen. Nun die Creme über die Erdbeeren verstreichen und die Torte mit den restlichen Erdbeeren und Pistazien verzieren.

Einkaufsliste: Erdbeertorte mit Pistazien

- ○ 1 Stck. Butter
- ○ Mehl
- ○ Zucker
- ○ 1 Tüte gemahlene Mandeln
- ○ 1 Ei
- ○ Salz
- ○ 375 g Erdbeeren
- ○ 1 Pckg. Blattgelatine
- ○ Zitronensaft
- ○ 125 g Mascarpone
- ○ 1 kleiner Becher Quark
- ○ 1 Glas Erdbeerkonfitüre
- ○ 1 Tüte gehackte Pistazien

Was noch?

- ○ ____________________
- ○ ____________________
- ○ ____________________
- ○ ____________________
- ○ ____________________
- ○ ____________________
- ○ ____________________
- ○ ____________________
- ○ ____________________
- ○ ____________________
- ○ ____________________
- ○ ____________________

Milchreiskuchen mit Früchten

Zutaten für den Teig

- ¼ TL gem. Zimt
- je eine Prise gem. Nelken und gem. Muskatnuss
- 300 g Mehl
- 1 Pck. Backpulver
- 250 g Quark
- je 6 EL Milch und Öl
- 1 Ei
- 50 g Zucker

Für den Milchreis

- 1 Zitrone (unbehandelt)
- 1 l Milch
- 50 g Zucker
- 1 Prise Salz
- 250 g Milchreis
- 3 Eiweiß

Für den Belag

- 2 kg Pflaumen
- 200 g Mandelblättchen
- 150 g Zucker
- 150 g Butter
- 2 EL Schlagsahne

Gewürze mit Mehl und Backpulver mischen. Quark mit Ei, Milch, Öl und Zucker verrühren und anschließend mit der Mehlmischung verkneten. Teig auf einer bemehlten Arbeitsplatte ausrollen. Backofen auf ca. 180 °C vorheizen. Backblech mit Backpapier auslegen und mit der Teigplatte auslegen. Zitrone waschen, den Saft auspressen. Milch mit Zucker, spiralförmig geschnittene Zitronenschale und Salz aufkochen. Reis hinzufügen und etwa 25 Minuten bei kleiner Hitze quellen und dann abkühlen lassen. Zitronenschale aus dem Reis entfernen. Eiweiß steif schlagen und unter den inzwischen völlig abgekühlten Reis heben.

Pflaumen waschen, entsteinen und halbieren. Mandelblättchen, Zucker, Butter und Sahne unter Rühren aufkochen und etwas abkühlen lassen.

Den Kuchenboden nun mit der Milchreisfüllung bestreichen, Pflaumen auflegen und mit der Mandelmasse überziehen.

Im vorgeheizten Backofen bei 180 °C ca. 40 bis 45 Minuten backen.

Einkaufsliste: Milchreiskuchen mit Früchten

- ○ Zimt
- ○ gemahlene Nelken
- ○ gemahlene Muskatnuss
- ○ Mehl
- ○ 1 Pck. Backpulver
- ○ 1 Becher (250 g) Quark
- ○ Milch
- ○ Öl
- ○ 4 Eier
- ○ Zucker
- ○ 1 Zitrone
- ○ Salz
- ○ 250 g Milchreis
- ○ 2 kg Pflaumen
- ○ 1 Tüte Mandelblättchen
- ○ 1 Stck. Butter
- ○ 1 kleiner Becher Schlagsahne

Was noch?

- ○ ____________________
- ○ ____________________
- ○ ____________________
- ○ ____________________
- ○ ____________________
- ○ ____________________
- ○ ____________________
- ○ ____________________
- ○ ____________________
- ○ ____________________
- ○ ____________________
- ○ ____________________

Preiselbeerkuchen

Zutaten für den Teig

- 100 g Butter
- 100 g Zucker
- 3 Eier
- ½ Teelöffel Backpulver
- 150 g gemahlene Haselnüsse
- 100 g Kakao

Belag

- 200 g Preiselbeeren (Konserve)
- ¼ Liter geschlagene Sahne
- 1 Pck. Sahnesteif
- Schokoraspel

Butter, Zucker und Eier schaumig rühren. Gemahlene Haselnüsse, Backpulver und Kakao miteinander vermischen und löffelweise unter die Eiermasse ziehen. Alle zu einem geschmeidigen Teig verarbeiten. Den Teig in eine gefettete Springform füllen und bei 180 °C ca. 40 Minuten backen.

Die Preiselbeeren über einem Sieb gut abtropfen lassen und auf dem inzwischen erkalteten Kuchen verteilen. Schlagsahne mit Sahnesteif steif schlagen und kuppelförmig auf dem Kuchen verteilen. Vor dem Servieren mit geraspelter Schokolade bestreuen.

Einkaufsliste: Preiselbeerkuchen

- ○ 1 Stck. Butter
- ○ Zucker
- ○ 3 Eier
- ○ 1 Pck. Backpulver
- ○ 1 Tüte gemahlene Haselnüsse
- ○ Kakao
- ○ 1 großes Glas Preiselbeeren
- ○ 1 kleiner Becher Schlagsahne
- ○ 1 Pck. Sahnesteif
- ○ Schokoraspel

Was noch?

- ○ ______________________________
- ○ ______________________________
- ○ ______________________________
- ○ ______________________________
- ○ ______________________________
- ○ ______________________________
- ○ ______________________________
- ○ ______________________________
- ○ ______________________________
- ○ ______________________________
- ○ ______________________________
- ○ ______________________________

Aprikosenkuchen mit Knusperboden

Zutaten für den Teig

- 125 g Butter
- 75 g Zucker
- 1 Prise Salz
- 3 Eier
- 125 g Mehl
- 1 Msp. Backpulver
- 100 g Haselnusskrokant

Für den Belag

- 60 g Haselnusskrokant
- 3 Dosen Aprikosenhälften (à 480 g)
- 100 g Aprikosenkonfitüre
- 1 EL Mandellikör

Weiche Butter mit Zucker, Salz und Eiern schaumig schlagen. Löffelweise das mit Backpulver vermischte Mehl unterziehen und weiter rühren. Zum Schluss Haselnusskrokant zugeben und alles zu einem geschmeidigen Teig verarbeiten. Ein Backblech einfetten, den Teig darauf verstreichen und bei 200 °C ca. 35 Minuten backen. Abkühlen lassen. Aprikosen über ein Sieb gut abtropfen lassen. Nun den Kuchen mit der Hälfte des Krokants bestreuen und mit Aprikosenhälften belegen. Konfitüre durch ein Sieb streichen und mit dem Mandellikör verrühren. Die Pfirsichhälften mit der Likör-Konfitüre bepinseln und mit dem restlichen Krokant bestreuen.

Einkaufsliste: Aprikosenkuchen mit Knusperboden

- ○ 1 Stck. Butter
- ○ Zucker
- ○ Salz
- ○ 3 Eier
- ○ Mehl
- ○ 1 Pck. Backpulver
- ○ 2 Pckg. Haselnusskrokant
- ○ 3 Dosen Aprikosenhälften (à 480 g)
- ○ 1 Glas Aprikosenkonfitüre
- ○ Mandellikör

Was noch?

- ○ ____________________
- ○ ____________________
- ○ ____________________
- ○ ____________________
- ○ ____________________
- ○ ____________________
- ○ ____________________
- ○ ____________________
- ○ ____________________
- ○ ____________________
- ○ ____________________
- ○ ____________________

Erdbeerkuchen vom Blech

Zutaten
für den Boden

- 6 Eier
- 6 EL Öl
- 200 g Zucker
- 250 g Mehl
- 2 TL Backpulver

Für den Belag

- 1 Pck. Vanillepudding
- 2 EL Zucker
- ½ l Milch
- 250 g Magerquark
- 1 kg Erdbeeren
- 2 Pck. roter Tortenguss

Für den Teig Eier, Öl und Zucker schaumig rühren. Löffelweise das mit dem Backpulver vermischte Mehl unter die Eiermasse heben und alles zu einem geschmeidigen Teig verarbeiten. Ein Backblech mit Backpapier auslegen und darauf den Teig ausstreichen. Im vorgeheizten Backofen bei 175 °C ca. 25 Minuten goldgelb backen. Anschließend auskühlen lassen.

In der Zwischenzeit einen Pudding nach Packungsanweisung herstellen. Den Pudding etwas abkühlen lassen, dann den Quark unterrühren. Erdbeeren waschen, verputzen und halbieren, große Erdbeeren vierteln.

Den kalten Obstkuchenboden mit dem Pudding bestreichen und darauf die Erdbeeren legen. Tortenguss nach Packungsanweisung herstellen und die Erdbeeren mit dem Guss überziehen.

Einkaufsliste: Erdbeerkuchen vom Blech

- ○ 6 Eier
- ○ Öl
- ○ Zucker
- ○ Mehl
- ○ 1 Pck. Backpulver
- ○ 1 Pck. Vanillepudding
- ○ Milch
- ○ 1 Becher (250 g) Magerquark
- ○ 1 kg Erdbeeren
- ○ 2 Pck. roter Tortenguss

Was noch?

- ○ ____________________
- ○ ____________________
- ○ ____________________
- ○ ____________________
- ○ ____________________
- ○ ____________________
- ○ ____________________
- ○ ____________________
- ○ ____________________
- ○ ____________________
- ○ ____________________
- ○ ____________________

Obstkuchen mit Mandeln

Zutate

- 180 g Butter
- 3 Eier
- 2 EL Milch
- 1 Pckg. Citroback
- 200 g Zucker
- 375 g Mehl
- 1 Pck. Backpulver
- 1 Glas Kirschen
- 1 Dose Aprikosen
- 1 Tüte Mandelstifte

Butter, Eier, Milch, Citroback und Zucker schaumig rühren. Das mit dem Backpulver vermischte Mehl löffelweise hinzufügen und alles zu einem geschmeidigen Teig verarbeiten. Den Teig auf ein mit Backpapier ausgelegtes Backblech streichen.

Kirschen und Aprikosen über ein Sieb gut abtropfen lassen und gleichmäßig auf dem Teig verteilen.

Bei 200 °C ca. 35 bis 40 Minuten backen. 10 Minuten vor Ende der Backzeit die Mandelstifte über die Früchte streuen.

Einkaufsliste: Obstkuchen mit Mandeln

- ○ 1 Stck. Butter
- ○ 3 Eier
- ○ Milch
- ○ 1 Pckg. Citroback
- ○ Zucker
- ○ Mehl
- ○ 1 Pck. Backpulver
- ○ 1 Glas Kirschen
- ○ 1 Dose Aprikosen
- ○ 1 Tüte Mandelstifte

Was noch?

- ○ ______________________
- ○ ______________________
- ○ ______________________
- ○ ______________________
- ○ ______________________
- ○ ______________________
- ○ ______________________
- ○ ______________________
- ○ ______________________
- ○ ______________________
- ○ ______________________
- ○ ______________________

Weintraubentorte

Zutaten für den Teig

- 200 g Butter
- 2 EL Zucker
- 2 Eigelb
- 3 EL Sahne
- abgeriebene Schale einer halben Zitrone
- 250 g Mehl
- Salz

Für den Belag

- 100 g gehackte Mandeln
- 500 g Weintrauben
- 4 Eiweiß
- 1 Prise Salz
- 3 EL Zucker

Butter, Zucker, Eigelb und Sahne schaumig rühren. Zitronenschale, Mehl und Salz hinzufügen und alles zu einem geschmeidigen Teig verkneten. Im Kühlschrank 20 Minuten ruhen lassen. Den Teig ausrollen und eine gefettete oder mit Backpapier ausgelegte Springform damit auslegen. Dabei einen Rand hochziehen. Den Teigboden mehrmals mit einer Gabel einstechen und die Mandeln darauf verteilen. In dem auf 180 °C vorgeheizten Backofen ca. 20 Minuten goldgelb backen. Anschließend etwas abkühlen lassen.

Auf dem Tortenboden die Weintrauben verteilen. Das Eiweiß mit einer Prise Salz sehr steif schlagen, dabei nach und nach Zucker einrieseln lassen. Den Eischnee über die Weintrauben verteilen und den Kuchen nochmals bei 150 °C ca. 20 Minuten backen.

Einkaufsliste: Weintraubentorte

- ○ 1 Stck. Butter
- ○ Zucker
- ○ 4 Eier
- ○ 1 kleiner Becher Sahne
- ○ 1 Zitrone
- ○ Mehl
- ○ Salz
- ○ 1 Tüte gehackte Mandeln
- ○ 500 g Weintrauben
- ○ Salz

Was noch?

- ○ ____
- ○ ____
- ○ ____
- ○ ____
- ○ ____
- ○ ____
- ○ ____
- ○ ____
- ○ ____
- ○ ____
- ○ ____
- ○ ____

Rahmpfirsichkuchen mit Streuseln

Zutaten für den Boden

- 100 g Butter
- 100 g Zucker
- 1 Ei
- 2 Pckg. Rum-Back
- 1 Prise Salz
- 250 g Mehl

Für den Belag

- 2 EL gehobelte Mandeln
- 750 g Pfirsichspalten
- 200 g Sahne
- 1 Pck. Vanillinzucker
- 3 Eier

Für die Streusel

- 100 g Mehl
- 50 g Zucker
- 75 g Butter

Alle Zutaten für den Boden miteinander verrühren und einen geschmeidigen Teig herstellen. Eine Springform mit Backpapier auslegen und den Teig einfüllen, dabei einen Rand hochziehen. Im Backofen bei 200 °C ca. 10 Minuten vorbacken.

Vorsichtig aus dem Ofen nehmen, Mandeln auf den Boden streuen und mit den gut abgetropften Pfirsichspalten belegen. Sahne, Vanillinzucker und Eier verquirlen und über das Obst gießen. Mehl, Zucker und kalte Butterflöckchen zu Streuseln verarbeiten und über den Rahmguss verteilen. Im Ofen weitere ca. 40 Minuten bei 200 °C backen.

Dieser Kuchen kann auch warm serviert werden.

Einkaufsliste: Rahmpfirsichkuchen mit Streuseln

- ○ 1 Stck. Butter
- ○ Zucker
- ○ 4 Eier
- ○ 2 Pck. Rum-Back
- ○ Salz
- ○ Mehl
- ○ 1 Tüte gehobelte Mandeln
- ○ 2 Dosen Pfirsichspalten
- ○ 1 Becher (200 g) Sahne
- ○ 1 Pck. Vanillinzucker

Was noch?

- ○ ______
- ○ ______
- ○ ______
- ○ ______
- ○ ______
- ○ ______
- ○ ______
- ○ ______
- ○ ______
- ○ ______
- ○ ______
- ○ ______

Stachelbeerkuchen

Zutaten für den Boden

- 125 g Butter
- 125 g Zucker
- 1 Pck. Vanillinzucker
- 1 Prise Salz
- abgeriebene Zitronenschale
- 3 Eier
- 2 TL Backpulver
- 200 g Mehl
- 2 EL Sahne

Für den Belag

- 750 g Stachelbeeren
- 2 Eiweiß
- 100 g Zucker
- 40 g Kokosraspel

Butter, Zucker, Vanillinzucker, Salz und abgeriebene Zitronenschale schaumig rühren. Nach und nach die Eier hinzufügen. Das Mehl mit dem Backpulver vermischen und löffelweise, abwechselnd mit der Sahne unter den Eierschaum rühren. Den Teig in eine gefettete oder beschichtete Springform geben und alles glatt streichen. Die gewaschenen und geputzten Stachelbeeren auf dem Teig verteilen. Den Kuchen bei 175 °C ca. 30 Minuten backen.

Das Eiweiß unter langsamem Einrieseln des Zuckers zu steifem Schnee schlagen. Vorsichtig die Kokosraspeln unterheben, den Eischnee über den Kuchen verteilen und nochmals für ca. 20 Minuten in den Backofen schieben.

Einkaufsliste: Stachelbeerkuchen

- ○ 1 Stck. Butter
- ○ Zucker
- ○ 1 Pck. Vanillinzucker
- ○ Salz
- ○ 1 Zitrone
- ○ 5 Eier
- ○ 1 Pck. Backpulver
- ○ 200 g Mehl
- ○ 1 kleiner Becher Sahne
- ○ 750 g Stachelbeeren
- ○ 1 Tüte Kokosraspel

Was noch?

○ ______________________

○ ______________________

○ ______________________

○ ______________________

○ ______________________

○ ______________________

○ ______________________

○ ______________________

○ ______________________

○ ______________________

○ ______________________

○ ______________________

Becher-Butterkuchen

Zutaten

- 1 Becher Sahne
- 1 Becher Zucker
- 1 Pck. Vanilleinzucker
- 4 Eier
- 2 Becher Mehl
- 1 Pck. Backpulver
- 1 Prise Salz
- etwas geriebene Zitronenschale

Für den Guss

- 125 g Butter
- 1 Becher Zucker
- 2 Pck. Vanillinzucker
- 4 EL Milch
- 200 g Mandelstifte

Die Sahne mit dem Zucker und Vanillinzucker in eine Rührschüssel geben. (Becher ausspülen, abtrocknen und als Messbecher benutzen.) Eier hinzufügen und alles gut verrühren. Nun das mit dem Backpulver, Salz und geriebene Zitronenschale vermischte Mehl nach und nach zugeben und alles zu einem geschmeidigen Teig verarbeiten. Ein Backblech mit Backpapier auslegen und den Teig darauf verstreichen. Im Backofen bei 200 °C ca. 10 bis 15 Minuten backen.

Für den Guss die sehr weiche Butter und alle übrigen Zutaten miteinander gründlich verquirlen. Den Kuchen aus dem Ofen nehmen, den Guss gleichmäßig verteilen und nochmals ca. 10 Minuten backen.

Einkaufsliste: Becher-Butterkuchen

- ○ 1 Becher Sahne (200 ml)
- ○ Zucker
- ○ 3 Pck. Vanillinzucker
- ○ 4 Eier
- ○ Mehl
- ○ 1 Pck. Backpulver
- ○ Salz
- ○ 1 Zitrone
- ○ 1 Stck. Butter
- ○ Milch
- ○ 1 Tüte Mandelstifte

Was noch?

- ○ ____________
- ○ ____________
- ○ ____________
- ○ ____________
- ○ ____________
- ○ ____________
- ○ ____________
- ○ ____________
- ○ ____________
- ○ ____________
- ○ ____________
- ○ ____________

Aprikosen-Sahnetorte

Zutaten

- 250 g Butter
- 250 g Zucker
- 1 Pck. Vanillinzucker
- 4 Eier
- ⅛ l Milch
- 1 Pck. Backpulver
- 500 g Mehl
- 1 Fläschchen Zitronenaroma

Belag

- 1 kg Aprikosen
- 150 g Zucker
- 200 g Gelin
- 50 ml Zitronensaft
- 400 g Schlagsahne
- 2 Pck. Sahnesteif

Butter, Zucker, Vanillinzucker, Eier und Milch schaumig schlagen und nach und nach das mit dem Backpulver vermischte Mehl hinzufügen. Zum Schluss das Zitronenaroma unterrühren und alles zu einem geschmeidigen Teig verarbeiten. Den Teig in eine gefettete oder beschichtete Springform füllen und bei 180 °C ca. 45 bis 50 Minuten backen. Dann den Kuchen aus der Form lösen, abkühlen lassen und einmal quer durchschneiden.

Die Aprikosen häuten, halbieren und entsteinen. Die Hälfte würfeln, den Rest vierteln. Aprikosenwürfel, 100 g Zucker und Gelin verrühren und für ca. 30 Minuten in den Kühlschrank stellen.

Um den unteren Boden einen Tortenring legen und die Aprikosenwürfel auf den Boden verteilen. Sahne, 50 g Zucker und Sahnesteif steif schlagen und die Hälfte davon auf das Obst geben. Den oberen Boden aufsetzen und die restliche Sahne darauf geben. Den Kuchen für drei Stunden in den Kühlschrank stellen. Vor dem Servieren die Torte mit den geviertelten Aprikosen verzieren.

Einkaufsliste: Aprikosen-Sahnetorte

- ○ 1 Stck. Butter
- ○ Zucker
- ○ 1 Pck. Vanillinzucker
- ○ 4 Eier
- ○ Milch
- ○ 1 Pck. Backpulver
- ○ Mehl
- ○ 1 Fläschchen Zitronen-aroma
- ○ 1 kg Aprikosen
- ○ 200 g Gelin
- ○ Zitronensaft
- ○ 2 Becher (à 200 ml) Schlagsahne
- ○ 2 Pck. Sahnesteif

Was noch?

- ○ ______
- ○ ______
- ○ ______
- ○ ______
- ○ ______
- ○ ______
- ○ ______
- ○ ______
- ○ ______
- ○ ______
- ○ ______
- ○ ______

Johannisbeer-Quarkkuchen

Zutaten für den Teig

- 150 g Speisequark
- 6 EL Milch
- 6 EL Öl
- 75 g Zucker
- 1 Pck. Vanillinzucker
- 1 Prise Salz
- 300 g Mehl
- 1 Pck. Backpulver

Belag

- 750 g Johannisbeeren
- 750 g Speisequark
- 300 g Zucker
- 1 Pck. Vanillinzucker
- 5 Eier
- 50 g zerlassene Butter
- 20 g gehobelte Mandeln

Für den Boden Quark, Milch, Öl, Zucker, Vanillinzucker und Salz verrühren und nach und nach das mit dem Backpulver vermischte Mehl hinzugeben. Alles zu einem Knetteig verarbeiten. Ein Backblech mit Backpapier auslegen und den Teig darauf ausrollen. Für den Belag Quark mit Zucker, Vanillinzucker, 3 Eier, 2 Eigelb und Butter verrühren. Die sorgfältig verputzten und gewaschenen Johannisbeeren gut abtropfen lassen und unter den Quark rühren.

Die Quarkmasse über den Teig verteilen.

Das Eiweiß sehr steif schlagen, dabei nach und nach den Zucker einrieseln lassen. Den Eischnee gleichmäßig auf die Quarkmasse streichen und mit den gehobelten Mandeln bestreuen.

Im Backofen bei 200 °C ca. 30 bis 40 Minuten backen.

Einkaufsliste: Johannisbeer-Quarkkuchen

- ○ 900 g Speisequark
- ○ Milch
- ○ Öl
- ○ Zucker
- ○ 2 Pck. Vanillinzucker
- ○ Salz
- ○ Mehl
- ○ 1 Pck. Backpulver
- ○ 750 g Johannisbeeren
- ○ 5 Eier
- ○ 1 Stck. Butter
- ○ 1 Tüte gehobelte Mandeln

Was noch?

- ○ ____________________
- ○ ____________________
- ○ ____________________
- ○ ____________________
- ○ ____________________
- ○ ____________________
- ○ ____________________
- ○ ____________________
- ○ ____________________
- ○ ____________________
- ○ ____________________
- ○ ____________________

Johannisbeer-Pfirsichkuchen

Zutaten für den Boden

- 350 g Butter
- 400 g Zucker
- 2 Pck. Vanillinzucker
- 6 Eier
- 1 Prise Salz
- 300 g Mehl
- 100 g Speisestärke
- 1 Pck. Backpulver

Belag

- 1250 g Pfirsiche
- 300 g Johannisbeeren, rot
- 2 EL Zucker

Butter, Zucker, Vanillinzucker, Eier und Salz schaumig schlagen. Mehl, Speisestärke und Backpulver mischen und nach und nach unter die Eiermasse rühren. Alles zu einem geschmeidigen Teig verarbeiten. Für diesen Kuchen eignet sich die Fettfangschale des Backofens besser als ein Kuchenblech. Die Fettfangschale mit Backpapier auslegen und den Kuchenteig einfüllen.

Den Backofen auf ca. 175 °C vorheizen und den Kuchen ca. 10 Minuten backen.

In der Zwischenzeit die Pfirsiche häuten, halbieren, entsteinen und in Scheiben schneiden. Die Johannisbeeren waschen, verlesen und gut abtropfen lassen.

Den Kuchen aus dem Ofen nehmen und die Gradzahl auf 200 °C erhöhen. Nun die Pfirsichscheiben dicht an dicht auf dem Teig anordnen und in die Zwischenräume die Johannisbeeren streuen. Den Kuchen weitere 25 Minuten backen. Den noch heißen Kuchen mit Zucker bestreuen.

Einkaufsliste: Johannisbeer-Pfirsichkuchen

- ○ 2 Stck. Butter
- ○ Zucker
- ○ 2 Pck. Vanillinzucker
- ○ 6 Eier
- ○ Salz
- ○ Mehl
- ○ Speisestärke
- ○ 1 Pck. Backpulver
- ○ 1250 g Pfirsiche
- ○ 300 g Johannisbeeren, rot

Was noch?

- ○ ______
- ○ ______
- ○ ______
- ○ ______
- ○ ______
- ○ ______
- ○ ______
- ○ ______
- ○ ______
- ○ ______
- ○ ______
- ○ ______

Sauerkirschtorte

Zutaten für den Biskuitboden

- 5 Eier
- 150 g Zucker
- 200 g Mehl
- 50 g flüssige Butter
- einige Tropfen Kirschlikör

Für den Belag

- 1 großes Glas Sauerkirschen (Konserve)
- 0,35 l Weißwein
- 800 ml Sahne
- 8 Blatt weiße Gelatine
- Zucker

Backofen auf ca. 180 °C vorheizen. Springform einfetten. Die Eier mit dem Zucker schaumig schlagen. Das Mehl einrieseln lassen und die flüssige Butter vorsichtig unterheben. Teig in eine Springform füllen und den Boden ca. 25 Minuten bei 180 °C backen. Noch warm mit Kirschlikör beträufeln und kalt werden lassen. Den Boden auf eine Tortenplatte legen und mit einem Tortenring versehen.

Kirschen über einem Sieb abtropfen lassen und ca. zwei Stunden im Wein ziehen lassen. Sahne steif schlagen. Gelatine einweichen, ausdrücken, im heißen Wasserbad auflösen und anschließend mit den in Wein getränkten und abgetropften Kirschen unter die Sahne ziehen. Nun die Kirschsahnecreme über den Tortenboden verteilen und glatt streichen. Einige Stunden im Kühlschrank fest werden lassen.

Einkaufsliste: Sauerkirschtorte

- ○ 5 Eier
- ○ Zucker
- ○ Mehl
- ○ 1 Stck. Butter
- ○ Kirschlikör
- ○ 1 großes Glas Sauerkirschen (Konserve)
- ○ Weißwein
- ○ 4 Becher Sahne (à 200 ml)
- ○ 2 Pck. Blattgelatine

Was noch?

- ○ __________
- ○ __________
- ○ __________
- ○ __________
- ○ __________
- ○ __________
- ○ __________
- ○ __________
- ○ __________
- ○ __________
- ○ __________
- ○ __________

Buttercreme-Schoko-Torte

Zutaten für den BiskuitTeig

- 3 Eier
- 3 EL heißes Wasser
- 150 g Zucker
- 1 Pck. Vanillinzucker
- 100 g Mehl
- 30 g Speisestärke
- 1 Msp. Backpulver

Für den Belag

- ½ l Milch
- 1 Pck. Vanillepudding-pulver
- 100 g Zucker
- 300 g Butter
- 2 Eier
- 2 Tafeln Vollmilch-schokolade
- 100 g Kokosfett

Für den Teig Eier und heißes Wasser mit dem Mixer auf höchster Stufe schaumig rühren. Zucker und Vanillinzucker einstreuen und weiter rühren. Mehl, Speisestärke und Backpulver miteinander vermischen und nach und nach unter die Eiermasse rühren. Eine Springform einfetten, den Boden mit Backpapier auslegen, den Teig einfüllen und bei 180 °C im vorgeheizten Backofen ca. 30 Minuten abbacken. Dann den Boden aus der Form lösen, auf ein Kuchengitter stürzen, das Backpapier entfernen, den Boden abkühlen lassen und einmal quer teilen. Vanillepudding aus Puddingpulver, ½ l Milch und 100 g Zucker nach Packungsanweisung herstellen und unter Rühren erkalten lassen. 150 g weich gehaltene Butter cremig rühren und den kalten Pudding esslöffelweise unterrühren. Die Creme auf den Boden streichen. Etwas Creme für die Verzierung zurückbehalten und den zweiten Boden auflegen.

Für die zweite Creme Eier trennen und das Eigelb mit 150 g Butter verrühren. Schokolade und Palmin schmelzen, etwas abkühlen lassen und dann unter die Buttercrememasse rühren. Eiweiß steif schlagen und unter die Schokomasse heben. Den zweiten Boden mit der Schokobuttercreme bestreichen. Zum Schluss die helle Buttercreme in eine Spritztüte füllen und kleine Rosetten auf die Torte spritzen.

Einkaufsliste: Buttercreme-Schoko-Torte

- ○ 5 Eier
- ○ Zucker
- ○ 1 Pck. Vanillinzucker
- ○ Mehl
- ○ Speisestärke
- ○ 1 Pck. Backpulver
- ○ Milch
- ○ 1 Pck. Vanille-puddingpulver
- ○ 2 Stck. Butter
- ○ 2 Tafeln Vollmilch-schokolade
- ○ 1 Pckg. Kokosfett

Was noch?

- ○ ____________________
- ○ ____________________
- ○ ____________________
- ○ ____________________
- ○ ____________________
- ○ ____________________
- ○ ____________________
- ○ ____________________
- ○ ____________________
- ○ ____________________
- ○ ____________________
- ○ ____________________

Mandarinen-Kirsch-Gugelhupf

Zutaten

- 1 Glas Sauerkirschen
- 2 kleine Büchsen Mandarinen
- 150 g weiche Butter
- 250 g Zucker
- 1 Pck. Vanillinzucker
- 4 Eier
- 350 ml Buttermilch
- 1 Fläschchen Bittermandelöl
- 500 g Mehl
- 1 ½ Pck. Backpulver
- 2 EL Mehl
- 250 g Puderzucker
- Semmelbrösel
- 6 EL Zitronensaft

Obst über einem Sieb abtropfen lassen. Butter, Zucker und Vanillinzucker schaumig schlagen. Eier unterrühren, Buttermilch und Aroma zufügen weiter umrühren. Mehl mit dem Backpulver vermischen und nach und nach unter die Eier-Butter-Milchmasse mengen. Alles zu einem geschmeidigen Teig verarbeiten. Kirschen mit 1–2 EL Mehl bestäuben und mit den Mandarinen unter den Teig mengen. Gugelhupfform einfetten, mit Semmelbröseln ausstreuen und den Teig einfüllen. Im Backofen bei 180 °C ca. 60 bis 70 Minuten backen.

Aus Puderzucker und Zitronensaft einen Guss bereiten und den fertig gebackenen und abgekühlten Kuchen damit überziehen.

Einkaufsliste: Mandarinen-Kirsch-Gugelhupf

- ○ 1 Glas Sauerkirschen
- ○ 2 kleine Büchsen Mandarinen
- ○ 1 Stck. Butter
- ○ Zucker
- ○ 4 Eier
- ○ 350 ml Buttermilch
- ○ 1 Fläschchen Bittermandelöl
- ○ Mehl
- ○ 2 Pck. Backpulver
- ○ 1 Pck. Vanillinzucker
- ○ 250 g Puderzucker
- ○ 1 Flasche Zitronensaft

Was noch?

- ○ ____________________
- ○ ____________________
- ○ ____________________
- ○ ____________________
- ○ ____________________
- ○ ____________________
- ○ ____________________
- ○ ____________________
- ○ ____________________
- ○ ____________________
- ○ ____________________
- ○ ____________________

Sauerkirsch-Quarkkuchen

Zutaten

- 2 Gläser Sauerkirschen
- 200 g Zucker
- 1 Pck. Vanillinzucker
- 250 g Butter
- 1 Prise Salz
- 500 g Quark
- 4 Eier
- 2 Eigelb
- 350 g Mehl
- 2 TL Backpulver
- 4 EL Puderzucker

Die Kirschen über einem Sieb abtropfen lassen. Zucker, Vanillinzucker, Margarine und Salz schaumig rühren. Quark, Eier und Eigelb zugeben und weiter rühren. Zum Schluss das mit dem Backpulver vermischte Mehl zugeben und alles zu einem geschmeidigen Teig verarbeiten. Ein tiefes Blech einfetten, darin den Teig verstreichen und die Kirschen darauf verteilen. Im Backofen bei 180 °C ca. 45 Minuten backen.

Den abgekühlten Kuchen mit Puderzucker bestäuben.

Einkaufsliste: Sauerkirsch-Quarkkuchen

- ○ 2 Gläser Sauerkirschen
- ○ Zucker
- ○ 1 Pck. Vanillinzucker
- ○ 1 Stck. Butter
- ○ Salz
- ○ 1 Becher (500 g) Quark
- ○ 6 Eier
- ○ Mehl
- ○ 1 Pck. Backpulver
- ○ Puderzucker

Was noch?

- ○ ______
- ○ ______
- ○ ______
- ○ ______
- ○ ______
- ○ ______
- ○ ______
- ○ ______
- ○ ______
- ○ ______
- ○ ______
- ○ ______

Schneller Joghurtkuchen

Zutaten

(Joghurtbecher als Maß)

- 1 Becher Joghurt
- 3 Becher Mehl
- 2 Becher Zucker
- 3 TL Backpulver
- ½ Becher geschmolzene Butter
- 3 Eier
- 1 Pck. Vanillinzucker
- Zitronenaroma
- Puderzucker

Alle Zutaten gut verrühren, bis der Teig geschmeidig ist. Eine Kastenform einfetten und mit Semmelbrösel bestäuben. Teig einfüllen und bei 180 °C ca. 50 Minuten backen. Sofort auf ein Kuchengitter stürzen und abkühlen lassen.

Vor dem Servieren mit Puderzucker bestäuben.

Einkaufsliste: Schneller Joghurtkuchen

- ○ 1 Becher Joghurt (200 ml)
- ○ Mehl
- ○ Zucker
- ○ 1 Pck. Backpulver
- ○ 1 Stck. Butter
- ○ 3 Eier
- ○ 1 Pck. Vanillinzucker
- ○ 1 Fläschchen Zitronenaroma
- ○ Puderzucker

Was noch?

- ○ ______
- ○ ______
- ○ ______
- ○ ______
- ○ ______
- ○ ______
- ○ ______
- ○ ______
- ○ ______
- ○ ______
- ○ ______
- ○ ______

Pflaumen-Marzipantorte

Zutaten

- 1 kg Pflaumen
- 125 g Butter
- 125 g Zucker
- 3 Eier
- 100 g Marzipan-rohmasse
- ½ Flasche Bitter-mandelaroma
- 4 EL Milch
- 250 g Mehl
- ½ Pck. Backpulver
- 2 EL Puderzucker

Pflaumen, waschen, entsteinen und vierteln. Butter, Zucker und Eier schaumig rühren. Marzipan in kleine Stücke schneiden oder hacken und mit dem Backaroma und der Milch in die Eiermasse geben und alles umrühren. Mehl mit der Backpulver mischen und ebenfalls nach und nach unter die Eiermasse rühren. Eine Springform einfetten oder mit Backpapier auslegen und den Teig einfüllen. Die Pflaumenstücke fächerartig in den Teig stecken. Im Backofen bei 180 °C ca. 60 Minuten backen.

Nach ca. 40 Minuten den Kuchen mit Pergamentpapier abdecken. Vor dem Servieren mit Puderzucker bestäuben.

Einkaufsliste: Pflaumen-Marzipantorte

- ○ 1 kg Pflaumen
- ○ 1 Stck. Butter
- ○ Zucker
- ○ 1 Pckg. Marzipanrohmasse
- ○ 3 Eier
- ○ 1 Fläschchen Bittermandelaroma
- ○ Milch
- ○ Mehl
- ○ 1 Pck. Backpulver
- ○ Puderzucker

Was noch?

- ○ ____
- ○ ____
- ○ ____
- ○ ____
- ○ ____
- ○ ____
- ○ ____
- ○ ____
- ○ ____
- ○ ____
- ○ ____
- ○ ____

Preiselbeer-Zimttorte

Zutaten

- 4 Eier, getrennt
- 1 Prise Salz
- 150 g Puderzucker
- 75 g Mehl
- 75 g Speisestärke
- 1 Msp. Backpulver
- 2 EL Zimt

Belag

- 375 g Schlagsahne
- 2 Pck. Vanillinzucker
- 3 Pck. Sahnesteif
- 500 g Preiselbeeren
- Schokoraspel

Eiweiß und Salz steif schlagen. Dann Puderzucker einrieseln lassen und nach und nach die Eigelb hinzufügen. Alles zu einer cremigen Masse rühren. Mehl, Stärke, Zimt und Backpulver mischen und alles nach und nach unter ständigem Rühren unterheben. Eine Springform einfetten oder mit Backpapier auslegen, den Teig einfüllen und glatt streichen. Im Backofen bei 180 °C ca. 30 Minuten goldgelb backen. Den Kuchen auskühlen lassen und einmal quer teilen. Für den Belag die Schlagsahne, Vanillinzucker und Sahnesteif schlagen. Zwei Drittel der Sahnemasse mit den Preiselbeeren vermengen. Um den unteren Boden einen Tortenring legen und gleichmäßig die Preiselbeersahne verteilen. Mit dem zweiten Boden abdecken, die restliche Sahnemasse auf die Tortenoberfläche streichen und mit Schokoraspeln bestreuen.

Einkaufsliste: Preiselbeer-Zimttorte

- ○ 4 Eier
- ○ Salz
- ○ Puderzucker
- ○ Mehl
- ○ Speisestärke
- ○ 1 Pck. Backpulver
- ○ Zimt
- ○ 1 Becher (à 200 ml) Schlagsahne
- ○ 2 Pck. Vanillinzucker
- ○ 3 Pck. Sahnesteif
- ○ 500 g Preiselbeeren
- ○ 1 Pckg. Schokoraspel

Was noch?

○ ______________________

○ ______________________

○ ______________________

○ ______________________

○ ______________________

○ ______________________

○ ______________________

○ ______________________

○ ______________________

○ ______________________

○ ______________________

○ ______________________

Sonntagskuchen

Zutaten

- 250 g Zucker
- 150 g Butter
- 3 Eier
- 250 g Mehl
- 1 TL Backpulver
- 3 EL Kakao
- ⅛ l Sahne
- 150 g gemahlene Nüsse

Zucker, Butter und Eier schaumig schlagen und unter das mit dem Backpulver vermischte Mehl rühren. Dann nach und nach Kakaopulver, Sahne und die Nüsse (eine kleine Menge übrig lassen) untermengen und so lange rühren, bis der Teig geschmeidig ist. Den eig in eine eingefettete und mit dem Rest der gemahlenen Nüsse ausgestreute Kastenform füllen.

Im Backofen bei 180 °C ca. 45 Minuten backen.

Sommer

Einkaufsliste: Sonntagskuchen

- ○ Mehl
- ○ Zucker
- ○ 1 Tüte gemahlene Nüsse
- ○ 1 Stck. Butter
- ○ Kakao
- ○ 1 Pck. Backpulver
- ○ 3 Eier
- ○ 1 Becher Sahne

Was noch?

- ○ ______
- ○ ______
- ○ ______
- ○ ______
- ○ ______
- ○ ______
- ○ ______
- ○ ______
- ○ ______
- ○ ______
- ○ ______
- ○ ______

Fixer Mandelkuchen

Zutaten
für den Boden

(Sahnebecher als Maß)

- 2 Becher Sahne (à 125 ml)
- 2 Becher Mehl
- 1 Becher Zucker
- 4 Eier
- 1 Pck. Backpulver
- 1 Pck. Vanillinzucker
- abgeriebene Zitronenschale von einer Zitrone
- 1 Prise Salz

Für den Belag

- 200 g gehobelte Mandeln
- 1 Becher Zucker
- 125 g Butter
- 5 EL Milch
- 1 Pck. Vanillinzucker

Alle Zutaten für den Boden zu einem geschmeidigen Teig verrühren und auf ein gefettetes oder mit Backpapier ausgelegtes Backblech streichen. Im Backofen 10 Minuten bei 200 °C vorbacken. In der Zwischenzeit die Zutaten für den Belag einmal kurz aufkochen, ein wenig abkühlen lassen und auf dem Kuchen verstreichen. Den Kuchen für weitere ca. 20 Minuten in den Ofen schieben und goldbraun backen.

Einkaufsliste: Fixer Mandelkuchen

- ○ 2 Becher Sahne (à 125 ml)
- ○ Mehl
- ○ Zucker
- ○ 4 Eier
- ○ 1 Pck. Backpulver
- ○ 2 Pck. Vanillinzucker
- ○ 1 Zitrone
- ○ Salz
- ○ 1 Tüte gehobelte Mandeln
- ○ 1 Stck. Butter
- ○ Milch

Was noch?

- ○ ______
- ○ ______
- ○ ______
- ○ ______
- ○ ______
- ○ ______
- ○ ______
- ○ ______
- ○ ______
- ○ ______
- ○ ______
- ○ ______

Johannisbeer-Schaumschnitten

Zutaten für den Teig

- 150 g Puderzucker
- 1 Pck. Vanillinzucker
- 3 Eigelb
- 50 ml Öl
- 60 ml Mineralwasser
- 250 g Mehl
- 1 Pck. Backpulver

Belag

- 3 Eiweiß
- 200 g Puderzucker
- 1 Pck. Vanillinzucker
- 300 g Johannisbeeren

Puderzucker, Vanillinzucker und Eigelb schaumig rühren. Dann langsam das Öl einrühren und anschließend das Mineralwasser dazugeben. Backpulver mit Mehl vermischen und unterziehen. Backblech mit Backpapier auslegen und den Teig darauf verstreichen. Im Backofen bei 180 °C ca. 15 Minuten vorbacken.

In der Zwischenzeit das Eiweiß schlagen, dabei langsam den Zucker und Vanillinzucker einrieseln lassen. Zum Schluss vorsichtig die gewaschenen, verlesenen und abgetropften Johannisbeeren unterheben und dann die Masse auf den Kuchen streichen.

Den Kuchen weitere ca. 20 Minuten backen.

Einkaufsliste: Johannisbeer-Schaumschnitten

- Puderzucker
- 2 Pck. Vanillinzucker
- 3 Eier
- Öl
- Mehl
- 1 Pck. Backpulver
- 1 Flasche Mineralwasser
- 1 Pckg. Puderzucker
- 300 g Johannisbeeren

Was noch?

- ______
- ______
- ______
- ______
- ______
- ______
- ______
- ______
- ______
- ______
- ______
- ______

Schwedentorte

Zutaten

- 4 Eier
- 1 ½ EL Wasser
- 200 g Zucker
- 1 EL Mehl
- 1 EL Backpulver
- 200 g gemahlene Nüsse
- 75 g geraspelte Schokolade

Für den Belag

- 2 Becher Schlagsahne (à 200 ml)
- 2 Pck. Sahnesteif
- 1 Pck. Vanillinzucker
- Schokostreusel

Eier, Wasser und Zucker schaumig rühren. Mehl, Backpulver und gemahlene Nüsse miteinander mischen und unter den Eierschaum rühren. Zum Schluss die geraspelte Schokolade unterheben. Eine Springform einfetten, den Teig einfüllen, glatt streichen und im Backofen bei 180 °C ca. 30 Minuten backen. Dann den Kuchen aus der Form lösen und völlig erkalten lassen.

In der Zwischenzeit die Sahne mit dem Sahnesteif und Vanillinzucker steif schlagen und auf dem kalten Kuchen kuppelartig verstreichen. Die Sahnehaube mit den Schokostreuseln bestreuen.

Einkaufsliste: Schwedentorte

- ○ 4 Eier
- ○ Zucker
- ○ 1 Tüte gemahlene Nüsse
- ○ 1 Tüte geraspelte Schokolade
- ○ Mehl
- ○ 1 Pck. Backpulver
- ○ 2 Becher Schlagsahne (à 200 ml)
- ○ 2 Pck. Sahnesteif
- ○ 1 Pck. Vanillinzucker
- ○ Schokostreusel

Was noch?

○ ______________________

○ ______________________

○ ______________________

○ ______________________

○ ______________________

○ ______________________

○ ______________________

○ ______________________

○ ______________________

○ ______________________

○ ______________________

○ ______________________

Crème-fraîche-Kuchen

Zutaten

- 250 g Butter
- 250 g Zucker
- 5 Eier
- 250 g Mehl
- 1 Pck. Backpulver
- 1 großes Glas Sauerkirschen
- ¼ l Sahne
- 1 Becher Crème fraîche (150 ml)
- Zimt und Kakao

Die Butter mit dem Zucker und den Eiern schaumig rühren. Das Mehl mit dem Backpulver vermischen und nach und nach unter die Eiermasse rühren. Sauerkirschen über einem Sieb gut abtropfen lassen und anschließend unter den Teig heben. Eine Springform einfetten oder mit Backpapier auslegen und den Teig einfüllen. Im Backofen bei 175 °C ca. 25 Minuten backen.

In der Zwischenzeit die Sahne mit dem Vanillinzucker steif schlagen und die Crème fraîche unterrühren. Die Masse auf dem völlig abgekühlten Kuchen verteilen und mit Zimt und Kakao bestreuen.

Einkaufsliste: Crème-fraîche-Kuchen

- ○ 1 Stck. Butter
- ○ Zucker
- ○ 5 Eier
- ○ Mehl
- ○ 1 Pck. Backpulver
- ○ 1 großes Glas Sauerkirschen
- ○ 1 Becher Sahne (250 ml)
- ○ 1 Becher Crème fraîche (150 ml)
- ○ Zimt und Kakao

Was noch?

- ○ ____________________
- ○ ____________________
- ○ ____________________
- ○ ____________________
- ○ ____________________
- ○ ____________________
- ○ ____________________
- ○ ____________________
- ○ ____________________
- ○ ____________________
- ○ ____________________
- ○ ____________________

Beerentorte

Zutaten für den Teig

- 6 Eier, getrennt
- 150 g Zucker
- 1 Pck. Vanillinzucker
- 8 EL heißes Wasser
- Salz
- 50 g gemahlene Haselnüsse
- 150 g Mehl

Für die Füllung

- 4 Blatt Gelatine
- 250 g Frischkäse
- 250 g Rahm
- 125 g Zucker
- 1 ½ EL Rum
- 500 g gemischte Beeren
- 1 Pck. Himbeer-Götterspeise
- 50 g Zucker

Eigelb mit Zucker, Vanillinzucker, Salz und Wasser schaumig schlagen. Dann Haselnüsse und Mehl unterrühren. Zum Schluss das steif geschlagene Eiweiß vorsichtig unter den Teig heben. Eine Springform mit Backpapier auslegen, den Teig einfüllen und bei 175 °C ca. 40 Minuten backen. Den Kuchen aus der Form lösen, gut auskühlen lassen und einmal quer teilen.

Gelatine nach Packungsanweisung einweichen. Frischkäse und Rahm mit dem Zucker verrühren. Gelatine ausdrücken, in dem erwärmten Rum schmelzen lassen und alles gründlich unter die Creme ziehen. Um den unteren Tortenboden einen Tortenring legen. Creme gleichmäßig auf dem Boden verstreichen und mit dem oberen Tortenboden vorsichtig abdecken. Darauf die gewaschenen, abgetropften und verlesenen Beeren verteilen. Die Götterspeise mit dem Zucker nach Packungsanleitung zubereiten. Sobald sie anfängt zu gelieren, über die Beeren gießen.

Die Torte mindestens 2 Stunden im Kühlschrank durchkühlen lassen.

Einkaufsliste: Beerentorte

- ○ 6 Eier
- ○ Zucker
- ○ 1 Pck. Vanillinzucker
- ○ Salz
- ○ 1 Tüte gemahlene Haselnüsse
- ○ Mehl
- ○ 1 Pckg. Blattgelatine
- ○ 1 Becher Frischkäse (250 g)
- ○ 1 Becher Rahm (250 g)
- ○ 1 kleine Flasche Rum
- ○ 500 g gemischte Beeren
- ○ 1 Pck. Himbeer-Götterspeise

Was noch?

- ○ ____________________
- ○ ____________________
- ○ ____________________
- ○ ____________________
- ○ ____________________
- ○ ____________________
- ○ ____________________
- ○ ____________________
- ○ ____________________
- ○ ____________________
- ○ ____________________
- ○ ____________________

Stachelbeerkuchen

Für den Teig

- 125 g Butter
- 125 g Zucker
- 1 Pck. Vanillinzucker
- 4 Eigelb
- 150 g Mehl
- ½ TL Backpulver
- 4 Eiweiß
- 180 g Zucker

Für den Belag

- 1 Glas Stachelbeeren
- 1 Pck. Tortenguss, klar
- 500 ml Sahne
- 2 Pck. Sahnesteif
- 2 Pck. Vanillinzucker

Butter, Zucker, Vanillinzucker und Eigelb schaumig schlagen. Nach und nach das mit dem Backpulver vermischte Mehl untersieben und alles zu einem geschmeidigen Rührteig verarbeiten. Eiweiß und Zucker zu steifem Eischnee schlagen und vorsichtig unter den Rührteig heben. Eine Springform einfetten, den Teig einfüllen, glatt streichen und bei 180 °C ca. 25 bis 30 Minuten backen. Anschließend abkühlen lassen.

Die Stachelbeeren über einem Sieb abtropfen lassen, dabei den Saft auffangen. Tortenguss mit ¼ l Saft aufkochen, etwas abkühlen lassen und unter die Stachelbeeren rühren. Die Stachelbeeren auf den mit einem Tortenring versehenen Tortenboden streichen. Im Kühlschrank ca. 30 Minuten gelieren lassen. Sahne mit Sahnesteif und Vanillinzucker steif schlagen und auf den Stachelbeeren verstreichen.

Vor dem Verzehr mindestens 2 Stunden kühl stellen.

Einkaufsliste: Stachelbeerkuchen

- ○ 1 Stck. Butter
- ○ Zucker
- ○ 3 Pck. Vanillinzucker
- ○ 4 Eier
- ○ Mehl
- ○ 1 Pck. Backpulver
- ○ 1 Glas Stachelbeeren
- ○ 1 Pck. Tortenguss, klar
- ○ 2 Becher (à 250 ml) Sahne
- ○ 2 Pck. Sahnesteif

Was noch?

- ○ ____________________
- ○ ____________________
- ○ ____________________
- ○ ____________________
- ○ ____________________
- ○ ____________________
- ○ ____________________
- ○ ____________________
- ○ ____________________
- ○ ____________________
- ○ ____________________
- ○ ____________________

Brombeertorte mit Frischkäse

(ohne Backen)

Zutaten

- 100 g Zwieback
- 50 g weiche Butter
- 150 g Zucker
- Fett für die Form
- 1 unbehandelte Zitrone
- 2 Eier, getrennt
- 500 g körniger Frischkäse
- 150 g saure Sahne
- 50 ml Johannisbeerlikör
- 9 Blatt weiße Blattgelatine
- 400 g Brombeeren
- 250 ml Roséwein

Zwieback in einen Gefrierbeutel füllen und mit der Teigrolle fein zerbröseln. Die Zwiebackbrösel mit Butter und ca. 15 g Zucker verkneten und in der gefetteten Springform zu einem Boden andrücken. Im Kühlschrank mindestens eine Stunde kalt stellen.

Abgeriebene Zitronenschale, Zitronensaft, den restlichen Zucker und die Eigelb cremig

schlagen, dann den Frischkäse, saure Sahne und Likör unterrühren. Ein Drittel der Gelatine nach Packungsanweisung einweichen, auflösen und unter die Frischkäse-Creme rühren. Ca. eine halbe Stunde kalt stellen. Dann das zu Eischnee geschlagene Eiweiß unterheben und die Creme auf den Zwiebackboden füllen, glatt streichen und völlig erstarren lassen. Die Brombeeren waschen, verlesen, gut abtropfen lassen und die Torte damit belegen. Die übrige Gelatine nach Packungsanweisung einweichen, auflösen, mit dem Wein verrühren, etwas erstarren lassen und dann über die Früchte verteilen. Den Kuchen bis zum Verzehr im Kühlschrank kühl lagern.

Einkaufsliste: Brombeertorte mit Frischkäse

- ○ 1 Pckg. Zwieback
- ○ 1 Stck. Butter
- ○ Zucker
- ○ 1 Zitrone
- ○ 2 Eier
- ○ 500 g körniger Frischkäse
- ○ 1 Becher saure Sahne (150 ml)
- ○ 1 kleine Flasche Johannisbeerlikör
- ○ 2 Pckg. Blattgelatine
- ○ 400 g Brombeeren
- ○ 1 Flasche Roséwein

Was noch?

- ○ ____________________
- ○ ____________________
- ○ ____________________
- ○ ____________________
- ○ ____________________
- ○ ____________________
- ○ ____________________
- ○ ____________________
- ○ ____________________
- ○ ____________________
- ○ ____________________
- ○ ____________________

Stachelbeer-Marzipantorte

Zutaten

- 150 g Butter
- 75 g Zucker
- 1 Ei
- 1 Prise Salz
- 1 Prise Zimt
- 175 g Mehl
- 75 g gemahlene Mandeln
- abgeriebene Zitronenschale

Für den Belag

- 1 großes Glas Stachelbeeren
- 2 Pck. Vanillepuddingpulver
- 400 ml Sahne
- 1 Pck. Vanillinzucker
- 2 Pck. Sahnesteif
- 200 g Marzipanrohmasse
- 75 g Puderzucker

Butter, Zucker, Ei, Salz und Zimt schaumig schlagen. Nach und nach Mehl, Mandeln und Zitronenschale unterheben und alles zu einem glatten Mürbeteig verkneten. Den Teig auf einer bemehlten Arbeitsfläche ausrollen und in eine eingefettete Springform legen. Im Backofen bei 180 °C ca. 25 Minuten backen.

4 EL Stachelbeersaft und Puddingpulver verrühren. Den restlichen Saft mit den Stachelbeeren kurz aufkochen, Puddingpulver einrühren und sofort nach dem erneuten Aufkochen vom Herd nehmen und etwas abkühlen lassen. Um den Tortenboden einen Tortenring legen. Dann den Stachelbeerpudding auf dem inzwischen erkalteten Tortenboden verstreichen. Im Kühlschrank ca. 1 Stunde die Puddingmasse fest werden lassen.

Inzwischen die Sahne mit dem Sahnesteif schlagen und kuppelförmig auf den Tortenboden streichen.

Marzipanrohmasse und Puderzucker verkneten und zwischen zwei aufgeschnittenen Gefrierbeuteln zu einem dünnen Kreis ausrollen und auf die Torte legen.

Einkaufsliste: Stachelbeer-Marzipantorte

- ○ 1 Stck. Butter
- ○ Zucker
- ○ 1 Ei
- ○ Salz
- ○ Zimt
- ○ Mehl
- ○ 1 Tüte gemahlene Mandeln
- ○ 1 Zitrone
- ○ 1 großes Glas Stachelbeeren
- ○ 2 Pck. Vanillepuddingpulver
- ○ 2 Becher Sahne (à 200 ml)
- ○ 1 Pck. Vanillinzucker
- ○ 2 Pck. Sahnesteif
- ○ 1 Pckg. Marzipanrohmasse
- ○ Puderzucker

Was noch?

○ ____________________

○ ____________________

○ ____________________

○ ____________________

○ ____________________

○ ____________________

○ ____________________

○ ____________________

○ ____________________

○ ____________________

○ ____________________

○ ____________________

Quitten-Torte

Für den Teig

- 250 g Mehl
- 75 g Puderzucker
- 1 Ei
- 125 g weiche Butter
- Salz

Für den Belag

- 0,7 l trockener Weißwein
- 1 Zitrone
- 2 Gewürznelken
- 2 Zimtstangen
- 80 g Zucker
- 5 mittelgroße Quitten
- 150 g schwarzes Johannisbeergelee
- 100 g Marzipanrohmasse
- 1 Ei

Aus Mehl, Puderzucker, Ei, 100 g Butter und Salz einen Mürbeteig kneten. Den Teig in Frischhaltefolie wickeln und ca. 30 Minuten im Kühlschrank ruhen lassen. Weißwein mit der in Scheiben geschnittenen Zitrone, Nelken, Zimt und Zucker aufkochen und vom Herd nehmen.

Die Quitten waschen, schälen, längs halbieren, die Kerngehäuse großzügig herausschneiden, in den noch heißen Sud geben und abdecken. Ca. 0,2 l des Kochsuds durch ein feines Sieb gießen und auf die Hälfte einkochen. Anschließend das Johannisbeergelee darin auflösen und zur Seite stellen. Den Ofen auf 175 °C vorheizen.

Das Marzipan zunächst mit einer Gabel zerkleinern und dann mit dem Ei und der restlichen Butter gründlich verkneten und mit den Händen zerbröseln. Den Mürbeteig auf einer bemehlten Arbeitsfläche ausrollen und eine gefettete Springform damit belegen. Dabei die Ränder ringsum etwas hochziehen. Den Boden mehrmals mit einer Gabel einstechen. Nun mit dem zerbröselten Marzipan bestreuen und die flach gedrückten Quittenhälften auflegen und mit der Hälfte der Glasur bestreichen. Im Backofen bei 180 °C ca. 35 bis 40 Minuten backen und sofort mit der restlichen Glasur bestreichen.

Einkaufsliste: Quitten-Torte

- ○ Mehl
- ○ 1 Stck. Butter
- ○ Puderzucker
- ○ 2 Eier
- ○ Salz
- ○ 1 Flasche trockener Weißwein
- ○ Gewürznelken
- ○ 2 Zimtstangen
- ○ 1 Glas schwarzes Johannisbeergelee
- ○ Zucker
- ○ 5 mittelgroße Quitten
- ○ 1 Pckg. Marzipan-rohmasse

Was noch?

○ ____________________

○ ____________________

○ ____________________

○ ____________________

○ ____________________

○ ____________________

○ ____________________

○ ____________________

○ ____________________

○ ____________________

○ ____________________

○ ____________________

Grießkuchen mit Zitronenguss

Zutaten

- 200 g Butter
- 125 g Zucker
- 1 Pck. Vanillinzucker
- 1 Prise Salz
- 6 Eier, getrennt
- 125 g Mehl
- 1 Pck. Backpulver
- 15 g Hartweizengrieß
- 75 g Mandelstifte
- 1 EL abgeriebene Orangenschale
- 100 ml Orangensaft
- 200 g Puderzucker
- ca. 2 EL Zitronensaft

Butter, Zucker, Vanillinzucker, Salz und Eigelb schaumig schlagen. Mehl mit Backpulver und Grieß mischen und nach und nach unter die Butter-Eier-Masse rühren. Alles zu einem lockeren Teig verarbeiten. Nun Mandelstifte, Orangenschale und -saft unterrühren. Eiweiß zu steifem Schnee schlagen und vorsichtig unter den Teig heben.

Den Teig in eine gefettete Springform füllen und bei 180 °C ca. 60 Minuten backen.

Aus Puderzucker und Zitronensaft einen Guss anrühren und den fertigen abgekühlten Kuchen damit bestreichen.

Einkaufsliste: Grießkuchen mit Zitronenguss

- ○ 1 Stck. Butter
- ○ Zucker
- ○ 1 Pckg. Vanillinzucker
- ○ Salz
- ○ 6 Eier
- ○ Mehl
- ○ 1 Pck. Backpulver
- ○ 1 Pckg. Hartweizengrieß
- ○ 1 Tüte Mandelstifte
- ○ 1 Orange, unbehandelt
- ○ 1 Pckg. Puderzucker
- ○ 1 Zitrone

Was noch?

- ○ ______
- ○ ______
- ○ ______
- ○ ______
- ○ ______
- ○ ______
- ○ ______
- ○ ______
- ○ ______
- ○ ______
- ○ ______
- ○ ______

Kürbiskuchen

Zutaten für den Teig

- 250 g Zucker
- 250 g weiche Butter
- 3 Eier
- 1 Pck. Vanillinzucker
- 500 g Mehl
- 1 Pck. Backpulver

Für die Füllung

- 750 g Kürbisfleisch
- 3 Eigelb
- 75 g Zucker
- 4 EL geraspelte Mandeln
- 100 g saure Sahne
- je eine Prise Salz, Muskat und Zimt
- 3 EL Speisestärke
- 3 Eiweiß

Zucker, Butter, Eier und Vanillinzucker cremig schlagen. Nach und nach das mit dem Backpulver vermischte Mehl untersieben und alles zu einem Knetteig verarbeiten.

Auf einer bemehlten Arbeitsplatte den Teig ausrollen und auf ein mit Backpapier ausgelegtes Backblech mit hohem Rand legen. Am besten eignet sich hier die Fettauffangschale vom Herd.

Das Kürbisfleisch würfeln und in wenig Wasser weich kochen, bis das Wasser verdampft ist. Dann die Stücke mit dem elektrischen Mixer pürieren und abkühlen lassen.

Eigelb, Zucker, Mandeln, saure Sahne und Gewürze für die Füllung mit der Kürbismasse vermischen. Zum Schluss die Stärke und das zu Eischnee geschlagene Eiweiß untermengen.

Die Kürbismasse auf dem Teigboden verstreichen und im Backofen bei 180 °C ca. 45 bis 50 Minuten backen.

Einkaufsliste: Kürbiskuchen

- ○ Zucker
- ○ 1 Stck. Butter
- ○ 6 Eier
- ○ 1 Pck. Vanillinzucker
- ○ Mehl
- ○ 1 Pckg. Backpulver
- ○ 1 Kürbis (ca. 750 g Kürbisfleisch)
- ○ 1 Tüte geraspelte Mandeln
- ○ 1 kleiner Becher saure Sahne
- ○ Salz
- ○ gemahlene Muskatnuss
- ○ Zimt
- ○ Speisestärke

Was noch?

- ○ ______________________
- ○ ______________________
- ○ ______________________
- ○ ______________________
- ○ ______________________
- ○ ______________________
- ○ ______________________
- ○ ______________________
- ○ ______________________
- ○ ______________________
- ○ ______________________
- ○ ______________________

Oberhofer Rahmkuchen

Zutaten für den Teig

- 125 g Zucker
- 250 g Butter
- 2 Eier
- 1 Pck. Vanillinzucker
- 325 g Mehl
- ½ Pck. Backpulver

Für den Belag

- 275 ml Milch
- 2 Pck. Vanille-puddingpulver
- 6 EL Zucker
- 400 g Schmand
- 4 Dosen Mandarinen
- 3 Pck. Tortenguss, klar

Zucker, Butter, Eier und Vanillinzucker schaumig schlagen. Nach und nach das mit dem Backpulver vermischte Mehl untersieben und alles zu einem geschmeidigen Teig verarbeiten. Ein Backblech einfetten oder mit Backpapier auslegen und den Teig darauf verstreichen.

Für den Belag aus der Milch, dem Puddingpulver und Zucker einen Pudding nach Packungsanweisung kochen. Dann völlig auskühlen lassen und den Schmand unterrühren. Die Schmandcreme auf dem Kuchenteig verteilen. Mandarinen über einem Sieb abtropfen lassen, dabei den Saft auffangen. Die Mandarinenspalten nun auf dem Belag verteilen.

Im Backofen auf der mittleren Schiene bei 180 °C ca. 45 Minuten backen und abkühlen lassen.

Mandarinensaft und Tortenguss nach Packungsanweisung zubereiten und den inzwischen erkalteten Kuchen damit überziehen.

Einkaufsliste: Oberhofer Rahmkuchen

- ○ Zucker
- ○ 1 Stck. Butter
- ○ 2 Eier
- ○ 1 Pck. Vanillinzucker
- ○ Mehl
- ○ 1 Pck. Backpulver
- ○ Milch
- ○ 2 Pck. Vanille-puddingpulver
- ○ Zucker
- ○ 2 Becher Schmand (à 200 g)
- ○ 4 Dosen Mandarinen
- ○ 3 Pck. Tortenguss, klar

Was noch?

- ○ ____________________
- ○ ____________________
- ○ ____________________
- ○ ____________________
- ○ ____________________
- ○ ____________________
- ○ ____________________
- ○ ____________________
- ○ ____________________
- ○ ____________________
- ○ ____________________
- ○ ____________________

Mohnschnecken

Zutaten

- 250 g weiche Butter
- 150 g Zucker
- abgeriebene Schale einer halben Zitrone
- 1 Ei
- 500 g Mehl
- ½ TL Backpulver
- 250 g Mohnback

Butter, Zucker, geriebene Zitronenschale und Ei schaumig rühren. Mehl mit dem Backpulver mischen, unter die Ei-Butter-Creme sieben, alles zu einem festen Teig verkneten und zu einer Kugel formen. In Frischhaltefolie wickeln und ca. 30 Minuten im Kühlschrank ruhen lassen. Dann den Teig halbieren und auf einer bemehlten Arbeitsfläche zu Rechtecken ausrollen. Die Platten gleichmäßig mit Mohnback bestreichen und von der breiten Seite beginnend aufrollen. (Man kann den Teig auch zwischen zwei aufgeschnittenen Gefrierbeuteln ausrollen und mit Hilfe der Folie wieder aufrollen.)

Nochmals im Kühlschrank 30 Minuten kalt stellen und dann von jeder Rolle ca. 1 cm dicke Scheiben abschneiden. Diese Scheiben auf einem mit Backfolie ausgelegten Backblech anordnen und im Backofen bei 180 °C ca. 15 Minuten backen.

Einkaufsliste: Mohnschnecken

- ○ 1 Stck. Butter
- ○ Zucker
- ○ 1 Zitrone
- ○ 1 Ei
- ○ Mehl
- ○ 1 Pck. Backpulver
- ○ 250 g Mohnback

Was noch?

○ ____________________

○ ____________________

○ ____________________

○ ____________________

○ ____________________

○ ____________________

○ ____________________

○ ____________________

○ ____________________

○ ____________________

○ ____________________

○ ____________________

Falscher Käsestollen

Zutaten

- 200 g Zucker
- 2 Eier
- 250 g fettarmer Quark
- 1 Fläschchen Rumaroma
- 1 Fläschchen Zitronenaroma
- 500 g Mehl
- 1 Pck. Backpulver
- 125 g Butter
- 125 g Mandelstifte
- 200 g Rosinen
- 25 g Butter
- Puderzucker

Zucker, Eier, Quark und die Aromen miteinander cremig rühren. Das Mehl mit dem Backpulver vermischen und unter die Eier-Quark-Masse heben. Die Butter in kleinen Stückchen, die Mandeln und die Rosinen darauf verteilen und am besten mit den Händen alles zu einem glatten Teig kneten. In einer gefetteten Kastenform bei 180 °C ca. 70 Minuten backen. Den Stollen etwas abkühlen lassen und auf eine Platte stürzen. Die Butter schmelzen und die Oberfläche des Stollens damit bestreichen und sehr dick mit Puderzucker bestäuben.

Einkaufsliste: Falscher Käsestollen

- ○ Zucker
- ○ 2 Eier
- ○ 1 Becher fettarmer Quark (250 g)
- ○ 1 Fläschchen Rumaroma
- ○ 1 Fläschchen Zitronenaroma
- ○ 1 Stck. Butter
- ○ Mehl
- ○ 1 Pck. Backpulver
- ○ 2 Tüten Mandelstifte
- ○ 1 Tüte (200 g) Rosinen
- ○ Puderzucker

Was noch?

- ○ ____________
- ○ ____________
- ○ ____________
- ○ ____________
- ○ ____________
- ○ ____________
- ○ ____________
- ○ ____________
- ○ ____________
- ○ ____________
- ○ ____________
- ○ ____________

Trauben-Torte

Zutaten

- 4 Eier, getrennt
- 125 g Zucker
- 125 g Mehl
- 50 g Speisestärke
- 1 TL Backpulver

Für den Belag

- 250 g Sahnequark
- 2 Eigelb
- 6 EL Zucker
- ¼ l Sahne
- 6 Blatt Gelatine
- je 250 g grüne und blaue Trauben
- 1 Pck. Tortenguss
- 100 g Mandelblättchen

Eigelb mit der Hälfte des Zuckers schaumig schlagen. Mehl, Speisestärke und Backpulver mischen und unter die Eigelbmasse rühren. Eiweiß mit 3 EL kaltem Wasser und dem restlichen Zucker sehr steif schlagen und unter den Teig heben. Eine Springform einfetten. Auf einer bemehlten Arbeitsfläche den Teig ausrollen und den Boden der Springform damit belegen, dabei einen Rand andrücken. Im Backofen bei 190 °C ca. 30 Minuten backen, abkühlen lassen, aus der Form lösen und einen Tortenring umlegen. Quark, Eigelb und Zucker verrühren. Sahne sehr steif schlagen und unterziehen. Gelatine nach Packungsanweisung einweichen, ausdrücken, etwas erwärmen und unter die Sahnemasse ziehen. Drei Viertel der Creme auf dem Boden verstreichen. Im Kühlschrank fest werden lassen. Dann den Tortenring lösen und den Kuchen rundum mit der Sahnemasse bestreichen. Trauben waschen, trockentupfen und auf der Oberfläche verteilen. Den Tortenguss nach Packungsanweisung zubereiten und über die Trauben verteilen. Mandelblättchen auf dem Tortenrand verteilen. Torte nochmals für 2 Stunden in den Kühlschrank stellen.

Einkaufsliste: Trauben-Torte

- ○ 6 Eier
- ○ Zucker
- ○ Mehl
- ○ Speisestärke
- ○ 1 Pck. Backpulver
- ○ 1 Becher Sahnequark (250 g)
- ○ Zucker
- ○ 1 Becher Sahne (250 ml)
- ○ 1 Pckg. Blattgelatine
- ○ je 250 g grüne und blaue Trauben
- ○ 1 Pck. Tortenguss
- ○ 1 Tüte Mandelblättchen

Was noch?

- ○ ______________________
- ○ ______________________
- ○ ______________________
- ○ ______________________
- ○ ______________________
- ○ ______________________
- ○ ______________________
- ○ ______________________
- ○ ______________________
- ○ ______________________
- ○ ______________________
- ○ ______________________

Orangen-Mandelkuchen

Zutaten

- 3 Eier
- 125 g Zucker
- 100 g Butter
- 6 Spritzer Süßstoff
- 1 Prise Salz
- 1 TL Backpulver
- 100 g gemahlene Mandeln
- 2 TL Orangeat
- ½ TL abgeriebene Zitronenschale
- 200 g Mehl
- 3 EL Zitronensaft
- 6 EL Orangensaft
- 4 EL Orangenmarmelade

Eier, Zucker, Butter, Süßstoff und Salz schaumig rühren, nach und nach das mit dem Backpulver, Mandeln, Orangeat und Zitronenschale vermischte Mehl hinzufügen. Zum Schluss Zitronen- und Orangensaft unterrühren und alles zu einem geschmeidigen Teig verarbeiten. Eine Kastenform einfetten und den Teig einfüllen.

Im Backofen bei 180 °C ca. 50 Minuten backen und noch heiß mit der warmen Orangenmarmelade überziehen.

Einkaufsliste: Orangen-Mandelkuchen

- ○ 3 Eier
- ○ Zucker
- ○ 1 Stck. Butter
- ○ 1 Flasche Süßstoff
- ○ Salz
- ○ 1 Zitrone
- ○ 1 Pckg. Orangeat
- ○ Mehl
- ○ 1 Pck. Backpulver
- ○ 1 Tüte gemahlene Mandeln
- ○ Zitronensaft
- ○ 1 Flasche Orangensaft
- ○ 1 Glas Orangenmarmelade

Was noch?

- ○ ______
- ○ ______
- ○ ______
- ○ ______
- ○ ______
- ○ ______
- ○ ______
- ○ ______
- ○ ______
- ○ ______
- ○ ______
- ○ ______

Haferflockenkuchen mit Kirschen

Zutaten

- 250 g + 4 EL kernige Haferflocken
- 125 g Butter
- 4 Eier
- 100 g Zucker
- 1 großes Glas Schattenmorellen, abgetropft

In einer beschichteten Pfanne die Haferflocken in der zerlassenen Butter ganz hell anrösten, bis das Fett von den Flocken aufgesaugt wurde. Anschließend abkühlen lassen. Die Eigelb mit dem Zucker schaumig schlagen. Eiweiß zu Eischnee schlagen.
Nun ca. drei Viertel der Flocken unter die Eiermasse rühren und vorsichtig den Eischnee unterheben. Den Flockenteig in eine gefettete Springform füllen, glatt streichen, mit 4 EL Haferflocken bestreuen und darauf die abgetropften Kirschen verteilen. Zum Schluss über die Kirschen die restlichen gerösteten Haferflocken streuen. Den Kuchen im Backofen bei 200 °C ca. 45 Minuten backen.

Einkaufsliste: Haferflockenkuchen mit Kirschen

- ○ 1 Pckg. kernige Haferflocken
- ○ 1 Stck. Butter
- ○ 4 Eier
- ○ Zucker
- ○ 1 großes Glas Schattenmorellen

Was noch?

- ○ ______
- ○ ______
- ○ ______
- ○ ______
- ○ ______
- ○ ______
- ○ ______
- ○ ______
- ○ ______
- ○ ______
- ○ ______
- ○ ______

Vanillecremetorte

Zutaten
für den Boden

- 5 Eier, getrennt
- 150 g Puderzucker
- 100 g Mehl

Für den Belag

- ⅛ Liter Milch
- 2 EL Rum
- 1 Eigelb
- 30 g Stärkemehl
- 100 g Zucker
- 250 g sehr weiche Butter
- 1 Pck. Vanillinzucker
- 2 Tafeln weiße Schokolade

Eigelb und Puderzucker schaumig schlagen. Eiweiß zu Eischnee schlagen und mit dem Mehl unter die Eimasse heben. Den Teig in eine gefettete und bemehlte Springform füllen und im vorgeheizten Ofen bei 145 °C ca. 35 bis 40 Minuten backen. Anschließend den Kuchenboden sofort aus der Form nehmen und mit einem Tortenring versehen. Für den Belag Milch, Rum, Stärkemehl, Zucker, Eigelb und Vanillinzucker verrühren, kurz aufkochen, vom Herd nehmen und so lange rühren, bis die Creme kalt geworden ist. Nun die Butter löffelweise unter die Creme rühren und anschließend auf dem Boden verstreichen. Mindestens 2 Stunden im Kühlschrank fest werden lassen. Dann die weiße Schokolade im Wasserbad schmelzen und die Torte damit überziehen. Über Nacht im Kühlschrank kalt stellen. Nach Belieben verzieren.

Einkaufsliste: Vanillecremetorte

- ○ 6 Eier
- ○ Puderzucker
- ○ Mehl
- ○ Milch
- ○ 1 Miniflasche Rum
- ○ Stärkemehl
- ○ Zucker
- ○ 1 Stck. Butter
- ○ 1 Pck. Vanillinzucker
- ○ 2 Tafeln weiße Schokolade

Was noch?

- ○ __________
- ○ __________
- ○ __________
- ○ __________
- ○ __________
- ○ __________
- ○ __________
- ○ __________
- ○ __________
- ○ __________
- ○ __________
- ○ __________

Teufelskuchen

Zutaten

- 250 g weiche Butter
- 300 g Zucker
- 8 Eier
- 2 Pck. Vanillinzucker
- 500 g Mehl
- 100 g Kakaopulver, ungesüßt
- ¾ Pck. Backpulver
- 500 ml saure Sahne
- 500 ml süße Sahne

Butter, Zucker, Eier und Vanillinzucker schaumig schlagen. Nach und nach das mit dem Backpulver und Kakao vermischte Mehl untersieben und zum Schluss die süße und saure Sahne unterrühren. Alles zu einem geschmeidigen Teig verarbeiten und in eine gefettete Kastenform füllen.

Im vorgeheizten Ofen bei 180 °C ca. 60 Minuten backen.

Einkaufsliste: Teufelskuchen

- ○ 1 Stck. Butter
- ○ Zucker
- ○ 8 Eier
- ○ 2 Pck. Vanillinzucker
- ○ Mehl
- ○ 1 Pckg. Kakaopulver, ungesüßt
- ○ 1 Pck. Backpulver
- ○ 2 Becher (à 250 ml) saure Sahne
- ○ 2 Becher (à 250 ml) süße Sahne

Was noch?

○ ______________________

○ ______________________

○ ______________________

○ ______________________

○ ______________________

○ ______________________

○ ______________________

○ ______________________

○ ______________________

○ ______________________

○ ______________________

○ ______________________

Frischkäse-Torte

Zutaten für den Boden

- 2 Eier, getrennt
- 100 g Zucker
- 80 g Mehl

Für den Belag

- 4 EL Zucker
- 125 g Frischkäse
- 1 Pck. Vanillinzucker
- Saft von 1 ½ Zitronen
- 1 Pck. Götterspeise (Geschmack nach Wahl)
- ⅛ l Fruchtsaft
- ½ l Schlagsahne

Eiweiß mit dem Zucker zu Eischnee schlagen. Vorsichtig die Eigelb unterrühren und dabei nach und nach das Mehl einrieseln lassen. Eine Springform mit Backpapier auslegen und bei 180 °C ca. 20 Minuten backen. Abkühlen lassen und einen Tortenring um den Boden legen.

Für den Belag Zucker, Frischkäse, Vanillinzucker und Zitronensaft verrühren. Die Götterspeise in dem Fruchtsaft quellen lassen, im heißen Wasserbad auflösen und unter ständigem Rühren unter die Frischkäsemasse rühren. Zum Schluss die geschlagene Sahne vorsichtig unterheben. Den Belag auf den Boden verstreichen und mehrere Stunden im Kühlschrank kalt stellen.

Einkaufsliste: Frischkäse-Torte

- ○ 2 Eier
- ○ Mehl
- ○ Zucker
- ○ 1 Becher (125 g) Frischkäse
- ○ 1 Pck. Vanillinzucker
- ○ 2 Zitronen
- ○ 1 Pck. Götterspeise
- ○ 1 Flasche Fruchtsaft
- ○ 2 Becher (à 250 ml) Schlagsahne

Was noch?

○ ______________________

○ ______________________

○ ______________________

○ ______________________

○ ______________________

○ ______________________

○ ______________________

○ ______________________

○ ______________________

○ ______________________

○ ______________________

○ ______________________

Amerikaner

Zutaten für den Teig

- 100 g Butter
- 100 g Zucker
- 1 Pck. Vanillinzucker
- 2 Eier
- 1 Prise Salz
- 1 Pck. Karamell-puddingpulver
- 3 EL Milch
- 250 g Mehl
- 3 gestr. TL Backpulver
- etwas Milch zum Bestreichen

Für den Guss

- 200 g Puderzucker
- 15 g Kakao
- 2 EL heißes Wasser

Butter, Zucker, Vanillinzucker, Eier und Salz schaumig rühren. Puddingpulver in der Milch auflösen und unter die Eiermasse rühren. Mehl mit Backpulver vermischen und in den Teig einrieseln lassen. Alles zu einem geschmeidigen Teig verarbeiten. Mit Hilfe von 2 Esslöffeln Häufchen von dem Teig auf dem Blech anordnen. Dabei darauf achten, dass sie nicht zu groß werden. Im Backofen bei 180 °C ca. 20 Minuten backen. Nach 10 Minuten Backzeit die Amerikaner mit Milch bestreichen und weiterbacken.

Aus jeweils 100 g Puderzucker und einem EL heißes Wasser eine helle und eine dunkle Glasur anrühren. Der dunklen Glasur Kakao beifügen. Die glatte Seite der Amerikaner nun zur Hälfte mit heller und dunkler Glasur bestreichen.

Einkaufsliste: Amerikaner

- ○ 1 Stck. Butter
- ○ Zucker
- ○ 1 Pck. Vanillinzucker
- ○ 2 Eier
- ○ Salz
- ○ 1 Pck. Karamell-puddingpulver
- ○ Milch
- ○ Mehl
- ○ 1 Pck. Backpulver
- ○ 1 Pckg. Puderzucker
- ○ Kakaopulver

Was noch?

- ○ ____________________
- ○ ____________________
- ○ ____________________
- ○ ____________________
- ○ ____________________
- ○ ____________________
- ○ ____________________
- ○ ____________________
- ○ ____________________
- ○ ____________________
- ○ ____________________
- ○ ____________________

Apfel-Gugelhupf

Zutaten

- 240 g weiche Butter
- 175 g Zucker
- 4 Eier, getrennt
- 250 g Mehl
- 2 Äpfel
- 125 g Vollmilch-schokolade
- 120 g gehackte Nüsse
- Fett und Semmelbrösel für die Form

Butter, Zucker und die Eigelb schaumig schlagen, Äpfel schälen, halbieren, entkernen und reiben. Schokolade ebenfalls reiben. Geriebene Äpfel und Schokolade mit den gehackten Nüssen vermengen und unter die Butter-Eier-Masse rühren. Eiweiß steif schlagen und vorsichtig unter den Teig heben. Eine Napfkuchenform einfetten, mit Semmelbröseln ausstreuen und den Teig einfüllen.

Im vorgeheizten Backofen bei 180 °C ca. 60 Minuten backen.

Einkaufsliste: Apfel-Gugelhupf

- ○ 1 Stck. Butter
- ○ Zucker
- ○ 4 Eier
- ○ Mehl
- ○ 2 Äpfel
- ○ 1 Tafel Vollmilch-schokolade
- ○ 1 Tüte gehackte Nüsse
- ○ Semmelbrösel

Was noch?

○ ____________________

○ ____________________

○ ____________________

○ ____________________

○ ____________________

○ ____________________

○ ____________________

○ ____________________

○ ____________________

○ ____________________

○ ____________________

○ ____________________

Einfacher Pflaumenkuchen

Zutaten

- 75 g weiche Butter
- 85 g Zucker
- 1 Ei
- ¼ TL Zimt
- 100 g Mehl
- 1 TL Backpulver
- Fett für die Form
- 350 g Pflaumen
- Zucker

Weiche Butter mit Ei, Zucker und Zimt verrühren. Mehl und Backpulver vermischen und unter Rühren in die Eimasse einrieseln lassen. Alles zu einem geschmeidigen Rührteig verarbeiten. Den Teig in eine gefettete Springform füllen und mit den gewaschenen, abgetropften, halbierten und entsteinten Pflaumen fächerartig belegen.

Im Backofen bei 200 °C ca. 40 Minuten backen. Eventuell 20 Minuten vor Ende der Backzeit mit Alufolie abdecken. Noch warm mit Zucker bestreuen.

Einkaufsliste: Einfacher Pflaumenkuchen

- ○ 1 Stck. Butter
- ○ Zucker
- ○ 1 Ei
- ○ Zimt
- ○ Mehl
- ○ 1 Pck. Backpulver
- ○ 350 g Pflaumen

Was noch?

- ○ ____
- ○ ____
- ○ ____
- ○ ____
- ○ ____
- ○ ____
- ○ ____
- ○ ____
- ○ ____
- ○ ____
- ○ ____
- ○ ____

Zitronen-Marzipankuchen

Zutaten

- 250 g Zucker
- 175 g Butter
- 5 Eier
- 250 g Mehl
- ½ Pck. Backpulver
- 100 g Marzipanrohmasse
- 250 g Puderzucker
- 2 Zitronen

Zucker, Butter und Eier schaumig schlagen und unter das mit dem Backpulver vermischte Mehl rühren. Zum Schluss die sehr fein gehackte Marzipanrohmasse unter den Teig heben. Alles zu einem geschmeidigen Teig verarbeiten. Den Teig in eine eingefettete Kastenform füllen. Im Backofen bei 180 °C ca. 45 bis 50 Minuten backen.

In den fertig gebackenen, noch heißen Kuchen mit dem Messer eine ca. 3 cm tiefe Kerbe schneiden. Puderzucker mit dem Saft der Zitronen zu einem glatten Guss verrühren und in die Kerbe gießen.

Einkaufsliste: Zitronen-Marzipankuchen

- ○ Zucker
- ○ 1 Stck. Butter
- ○ 5 Eier
- ○ Mehl
- ○ 1 Pck. Backpulver
- ○ 1 Pckg. Marzipanrohmasse
- ○ 1 Pckg. Puderzucker
- ○ 2 Zitronen

Was noch?

○ ____________________

○ ____________________

○ ____________________

○ ____________________

○ ____________________

○ ____________________

○ ____________________

○ ____________________

○ ____________________

○ ____________________

○ ____________________

○ ____________________

Stracciatella-Kuchen

Zutaten

- 125 g weiche Butter
- 150 g Zucker
- 1 Pck. Vanillinzucker
- 4 Eier
- Saft von einer Zitrone
- 1 Prise Salz
- 750 g Magerquark
- 55 g Mehl
- 2 TL Backpulver
- 50 g Schokoraspel
- 200 g dunkle Kuvertüre

Butter, Zucker, Vanillinzucker, Eier, Zitronensaft und Salz schaumig schlagen. Nach und nach den Quark unterheben und zu einer glatten Masse verarbeiten. Mehl, Backpulver und Schokoraspel mischen und unter die Quarkmasse rühren. Den Teig in eine eingefettete Springform füllen und im Backofen bei 180 °C ca. 45 Minuten backen.

Den abgekühlten Kuchen mit der im heißen Wasserbad aufgelösten Kuvertüre bestreichen.

Einkaufsliste: Stracciatella-Kuchen

- ○ 1 Stck. Butter
- ○ Zucker
- ○ 1 Pck. Vanillinzucker
- ○ 4 Eier
- ○ 1 Zitrone
- ○ Salz
- ○ 3 Becher (à 250 g) Magerquark
- ○ Mehl
- ○ 1 Pck. Backpulver
- ○ 1 Tüte Schokoraspel
- ○ 200 g dunkle Kuvertüre

Was noch?

- ○ ______
- ○ ______
- ○ ______
- ○ ______
- ○ ______
- ○ ______
- ○ ______
- ○ ______
- ○ ______
- ○ ______
- ○ ______
- ○ ______

Schnelle Kiwi-Kokos-Torte

Zutaten für den Teig

- 250 g Zucker
- 175 g Butter
- 5 Eier
- 250 g Mehl
- ½ Pck. Backpulver

Für den Belag

- 500 g Frischkäse
- 5 EL Kokosflocken
- 2 EL Zucker
- etwas Milch
- 5 Kiwis

Zucker, Butter und Eier schaumig schlagen und unter das mit dem Backpulver vermischte Mehl rühren. Alles zu einem geschmeidigen Teig verarbeiten. Den Teig in eine eingefettete Springform füllen und bei 180 °C ca. 35 Minuten goldgelb backen.

Den abgekühlten Tortenboden aus der Form lösen und einen Tortenring umlegen. Mit dem elektrischen Handrührgerät Frischkäse, Kokosflocken und Zucker verrühren.
Zum Schluss eventuell noch etwas Milch hinzufügen, damit die Masse streichfähiger wird. Die Mischung gleichmäßig auf den Tortenboden streichen. Die Kiwis schälen und in ca. 3 mm dicke Scheiben schneiden. Die Kiwischeiben auf der Frischkäsefläche dekorativ verteilen. Bis zum Servieren in den Kühlschrank stellen.

Einkaufsliste: Schnelle Kiwi-Kokos-Torte

- ○ Zucker
- ○ 1 Stck. Butter
- ○ 5 Eier
- ○ Mehl
- ○ 1 Pck. Backpulver
- ○ 2 Becher (à 250 g) Frischkäse
- ○ 1 Tüte Kokosflocken
- ○ Zucker
- ○ Milch
- ○ 5 Kiwis

Was noch?

- ○ ______
- ○ ______
- ○ ______
- ○ ______
- ○ ______
- ○ ______
- ○ ______
- ○ ______
- ○ ______
- ○ ______
- ○ ______
- ○ ______

Tränenkuchen

Zutaten
für den Boden

- 200 g Mehl
- 1 TL Backpulver
- 75 g Zucker
- 50 g Butter
- 1 Ei

Für den Belag

- 500 g Quark
- 150 g Zucker
- 3 Eigelb
- ½ Tasse Öl
- 1 Pck. Vanillepuddingpulver
- 1 Pck. Vanillinzucker
- 3 EL Zitronensaft
- ¼ l Milch

Für den Eischnee

- 3 Eiweiß
- 75 g Zucker

Mehl mit dem Backpulver vermischen. Dann alle Zutaten für den Boden zu einem glatten Knetteig verarbeiten. Den Teig in eine gefettete Springform geben und einen Rand andrücken.

Mit dem elektrischen Handrührgerät alle Zutaten für den Belag miteinander verrühren und auf den Boden verstreichen. Im Backofen bei 180 °C ca. 60 Minuten backen. Eiweiß und Zucker steif schlagen und auf den Kuchen streichen. Nochmals im Backofen bei 180 °C ca. 10 Minuten backen.

Beim Auskühlen des Kuchens bilden sich kleine »Tränen«.

Einkaufsliste: Tränenkuchen

- ○ Mehl
- ○ 1 Pck. Backpulver
- ○ Zucker
- ○ 1 Stck. Butter
- ○ 4 Eier
- ○ 1 Becher (500 g) Quark
- ○ Zucker
- ○ Öl
- ○ 1 Pck. Vanille-puddingpulver
- ○ 1 Pck. Vanillinzucker
- ○ Zitronensaft
- ○ Milch

Was noch?

- ○ ____________________
- ○ ____________________
- ○ ____________________
- ○ ____________________
- ○ ____________________
- ○ ____________________
- ○ ____________________
- ○ ____________________
- ○ ____________________
- ○ ____________________
- ○ ____________________
- ○ ____________________

Waldmeistertorte

Zutaten für den Boden

- 4 EL Zucker
- 3 Eier
- 2 EL Öl
- 1 Pck. Vanillinzucker
- 1 EL Backpulver
- 5 EL Mehl

Für die Füllung

- 1 großer Becher Dickmilch
- 75 g Zucker
- 1 Pck. Vanillinzucker
- Saft einer Zitrone
- 8 Schnapsgläschen Waldmeistersirup
- 13 Blatt Gelatine
- 500 ml Sahne

Zucker, Eier, Öl und Vanillinzucker schaumig rühren und nach und nach das mit dem Backpulver vermischte Mehl untersieben. Alles zu einem geschmeidigen Rührteig verarbeiten. Den Teig in eine eingefettete Springform füllen und bei 175 °C ca. 20 bis 25 Minuten backen.

Dickmilch mit Zucker, Vanillinzucker, Zitronensaft und 5 Gläschen Waldmeistersirup gründlich verrühren. 10 Blatt Gelatine nach Packungsanweisung einweichen, ausdrücken und unter die Creme mischen. Die Sahne steif schlagen und ebenfalls unter die Dickmilchcreme ziehen. Um den inzwischen erkalteten Tortenboden einen Tortenring legen und die Creme einfüllen. Alles glatt streichen. Restlichen Sirup mit warmem Wasser auf ein Viertel Liter Flüssigkeit auffüllen und 3 Blatt aufgelöste Gelatine hinzufügen. Alles kräftig umrühren, bis sich die Gelatine völlig aufgelöst hat. Die Waldmeistergelatine nun vorsichtig über die Dickmilchcreme gießen, verstreichen und im Kühlschrank mehrere Stunden fest werden lassen.

Einkaufsliste: Waldmeistertorte

- ○ Zucker
- ○ 3 Eier
- ○ Öl
- ○ 2 Pck. Vanillinzucker
- ○ 1 Pck. Backpulver
- ○ Mehl
- ○ 1 großer Becher Dickmilch
- ○ 1 Zitrone
- ○ 1 Flasche Waldmeistersirup
- ○ 2 Pck. Blattgelatine
- ○ 2 Becher Schlagsahne (à 250 ml)

Was noch?

- ○ ____________________
- ○ ____________________
- ○ ____________________
- ○ ____________________
- ○ ____________________
- ○ ____________________
- ○ ____________________
- ○ ____________________
- ○ ____________________
- ○ ____________________
- ○ ____________________
- ○ ____________________

Makronen-Gugelhupf

Zutaten für den Teig

- 300 g Butter
- 300 g Zucker
- 5 Eier, getrennt
- 300 g Mehl
- Salz

Für den Belag

- 1 Eiweiß
- 2 EL Zucker
- 100 g geriebene Mandeln
- Puderzucker

Butter mit zwei Drittel des Zuckers und den Eigelben schaumig schlagen. Nach und nach das Mehl unterrühren. Das Eiweiß mit dem restlichen Zucker steif schlagen und den Eischnee vorsichtig unter die Teigmasse heben. Den Teig in eine gefettete und bemehlte Gugelhupfform füllen.

Für die Makronenmasse das Eiweiß steif schlagen, dabei den Zucker einrieseln lassen, dann die Mandeln unterrühren. Nun die Mandelmasse auf den Teig geben und mit einer Gabel von oben nach unten kreisend alles miteinander mischen.

Im Backofen bei 180 °C ca. 70 Minuten backen. Kurz abkühlen lassen, dann auf ein Kuchengitter stürzen. Den erkalteten Kuchen mit Puderzucker bestäuben.

Einkaufsliste: Makronen-Gugelhupf

- ○ 2 Stck. Butter
- ○ Zucker
- ○ 6 Eier
- ○ Mehl
- ○ Salz
- ○ 1 Tüte geriebene Mandeln
- ○ Puderzucker

Was noch?

- ○ ____________________
- ○ ____________________
- ○ ____________________
- ○ ____________________
- ○ ____________________
- ○ ____________________
- ○ ____________________
- ○ ____________________
- ○ ____________________
- ○ ____________________
- ○ ____________________
- ○ ____________________

Försterkuchen

Zutaten für den Teig

- 100 g Zucker
- 100 g Butter
- 3 Eier, getrennt
- 30 g Mehl
- 3 EL Kakao
- 2 TL Backpulver
- 100 g gemahlene Nüsse

Für den Belag

- 250 g Joghurt
- 100 g Puderzucker
- 10 Blatt Gelatine
- 1 kleines Glas Preiselbeeren
- 500 ml Sahne
- 1 Pck. Tortenguss

Zucker, Butter und Eigelb schaumig schlagen. Mehl, Kakao, Backpulver und gemahlene Nüsse miteinander mischen und nach und nach unter die Butter-Eier-Masse heben. Alles zu einem geschmeidigen Teig verarbeiten. Zum Schluss das steif geschlagene Eiweiß unterheben. Den Teig in eine eingefettete Springform füllen und bei 180 °C ca. 20 bis 25 Minuten backen. Den Boden völlig abkühlen lassen, dann einen Tortenring umlegen.

Für den Belag Joghurt und Puderzucker verrühren. Gelatine nach Packungsanweisung einweichen, ausdrücken und unter den Joghurt rühren, bis sie sich völlig aufgelöst hat. Preiselbeeren über einem Sieb abtropfen lassen, dabei den Saft auffangen. Sahne steif schlagen und die gut abgetropften Preiselbeeren untermischen. Nun die Preiselbeersahne vorsichtig unter die Joghurtmasse mengen. Den Belag auf den Tortenboden verstreichen und im Kühlschrank ca. 2 Stunden fest werden lassen. Tortenguss nach Packungsanweisung mit dem Preiselbeersaft zubereiten und die Torte damit überziehen.

Einkaufsliste: Försterkuchen

- ○ Zucker
- ○ 1 Stck. Butter
- ○ 3 Eier
- ○ Mehl
- ○ Kakao
- ○ 1 Pck. Backpulver
- ○ 1 Tüte gemahlene Nüsse
- ○ 1 Becher (250 ml) Joghurt
- ○ Puderzucker
- ○ 2 Pckg. Blattgelatine
- ○ 1 kleines Glas Preiselbeeren
- ○ 2 Becher (à 250 ml) Sahne
- ○ 1 Pck. Tortenguss

Was noch?

○ ____________________

○ ____________________

○ ____________________

○ ____________________

○ ____________________

○ ____________________

○ ____________________

○ ____________________

○ ____________________

○ ____________________

○ ____________________

○ ____________________

Quittenkuchen

Zutaten

- 1 kg Quitten
- 200 g Zucker
- 1 Zimtstange
- 250 g Mehl
- 85 g gemahlene Mandeln
- 175 g Butter
- Fett für die Form
- 250 g Speisequark
- 2 Eigelb
- 1 Pck. Vanillepuddingpulver

Backofen auf 200 °C vorheizen. Die Quitten waschen, schälen, vierteln, die Kerngehäuse herausschneiden und die Viertel nochmals in dicke Spalten schneiden. In einem Kochtopf die Quitten mit 50 g Zucker und Zimt bei schwacher Hitze und unter Zugabe von 2 EL Wasser ca. 15 bis 20 Minuten dünsten.

Mehl, Mandeln, 100 g Zucker und der Butter miteinander verkneten und zu Streuseln verarbeiten. Zwei Drittel davon in die gefettete Springform geben und als Boden andrücken, dabei einen Rand hochziehen. Die Quitten über einem Sieb abtropfen lassen, den Sud mit Quark, 50 g Zucker, Eigelb und dem Puddingpulver verrühren und auf den Teigboden verteilen. Nun die Quitten kreisförmig auf der Quarkmasse anordnen und mit den übrigen Streuseln bedecken. Im Backofen bei 200 °C ca. 50 Minuten backen.

Einkaufsliste: Quittenkuchen

- ○ 1 kg Quitten
- ○ Zucker
- ○ 1 Zimtstange
- ○ Mehl
- ○ 1 Tüte gemahlene Mandeln
- ○ 1 Stck. Butter
- ○ 1 Becher (250 g) Speisequark
- ○ 2 Eier
- ○ 1 Pck. Vanille-puddingpulver

Was noch?

○ ______________________

○ ______________________

○ ______________________

○ ______________________

○ ______________________

○ ______________________

○ ______________________

○ ______________________

○ ______________________

○ ______________________

○ ______________________

○ ______________________

Cappuccino-Kirschkuchen

Zutaten für den Teig

- 4 Tassenportionen Cappuccino-Instant-pulver
- 2 EL heißes Wasser
- 1 Glas Schatten-morellen ohne Steine
- 125 g Butter
- 225 g Zucker
- 1 Prise Salz
- 4 Eier
- 375 g Mehl
- 1 Pck. Backpulver
- 2 EL Kakao
- 4 EL Mandellikör
- Semmelbrösel
- Puderzucker

Cappuccino-Pulver in dem heißen Wasser anrühren und abkühlen lassen. Kirschen über einem Sieb abtropfen lassen. Butter, Zucker und Salz schaumig schlagen, dann die Eier nach und nach unterrühren. Mehl, Backpulver und Kakao mischen und unter die Eier-Butter-Masse rühren. Alles gründlich zu einem geschmeidigen Teig verarbeiten. Angerührtes Cappuccino-Pulver und Likör zufügen, nochmals gut umrühren und zum Schluss die Kirschen unter den Teig heben. Den Teig in eine gefettete und mit Semmelbröseln ausgestreute Kastenform füllen und glatt streichen. Im vorgeheizten Backofen bei 180 °C ca. 60 Minuten backen. Noch warm aus der Form stürzen und auf einem Kuchengitter völlig auskühlen lassen. Vor dem Servieren mit Puderzucker bestäuben.

Einkaufsliste: Cappuccino-Kirschkuchen

- ○ Cappuccino-Instantpulver
- ○ 1 Glas Schattenmorellen ohne Steine
- ○ 1 Stck. Butter
- ○ Zucker
- ○ Salz
- ○ 4 Eier
- ○ Mehl
- ○ 1 Pck. Backpulver
- ○ Kakao
- ○ 1 kleine Flasche Mandellikör
- ○ Semmelbrösel
- ○ Puderzucker

Was noch?

- ○ ____________________
- ○ ____________________
- ○ ____________________
- ○ ____________________
- ○ ____________________
- ○ ____________________
- ○ ____________________
- ○ ____________________
- ○ ____________________
- ○ ____________________
- ○ ____________________
- ○ ____________________

Marmor-Muffins

Zutaten

- 3 Eier, getrennt
- 150 g Zucker
- 1 Pck. Vanillinzucker
- 125 g weiche Butter
- 1 Prise Salz
- ½ Pckg. Backpulver
- 200 g Mehl
- 30 g Kakao
- 1 Pckg. dunkle Kuvertüre
- Papierförmchen

Eiweiß zu festem Eischnee schlagen. Eigelb, Zucker, Vanillinzucker, Salz und Butter schaumig schlagen. Mehl und Backpulver unter die Eier-Butter-Masse rühren. Alles zu einem geschmeidigen Teig verarbeiten. Zum Schluss den Eischnee vorsichtig unter den Teig heben. Den Teig teilen und unter die eine Hälfte den Kakao mengen. 12 Förmchen bereitstellen und zuerst mit dem hellen und anschließend mit dem dunklen Teig füllen. Bei 200 °C ca. 30 Minuten backen.

Nach dem Erkalten mit der im heißen Wasserbad aufgelösten Kuvertüre bestreichen.

Einkaufsliste: Marmor-Muffins

- ○ 3 Eier
- ○ Zucker
- ○ 1 Pck. Vanillinzucker
- ○ 1 Stck. Butter
- ○ 1 Prise Salz
- ○ 1 Pck. Backpulver
- ○ Mehl
- ○ Kakao
- ○ 1 Pckg. dunkle Kuvertüre

Was noch?

- ○ ____________________
- ○ ____________________
- ○ ____________________
- ○ ____________________
- ○ ____________________
- ○ ____________________
- ○ ____________________
- ○ ____________________
- ○ ____________________
- ○ ____________________
- ○ ____________________
- ○ ____________________

Halloween-Kuchen

Zutaten

- 150 g gehackte Haselnüsse
- 300 g Kürbisfleisch
- 250 g weiche Butter
- 160 g Zucker
- 4 Eier
- 300 g Mehl
- 1 TL Backpulver
- 2 TL Zimt
- 1 Prise Salz

In einer beschichteten Pfanne ohne weitere Zugabe von Fett die Haselnüsse rösten.

Das Kürbisfleisch in sehr feine Würfel schneiden. Butter, Zucker, Eier, Zimt und Salz zu einer schaumigen Masse schlagen. Die Haselnüsse und die Kürbiswürfel untermengen. Mehl und Backpulver vermischen und unter die Masse rühren. Ein Backblech mit Backpapier auslegen und den Teig darauf verstreichen.

Im vorgeheizten Backofen bei 180 °C ca. 50 Minuten backen.

Einkaufsliste: Halloween-Kuchen

- ○ 2 Tüten gehackte Haselnüsse
- ○ 1 kleiner Kürbis (ca. 300 g Kürbisfleisch)
- ○ 1 Stck. Butter
- ○ Zucker
- ○ 4 Eier
- ○ Mehl
- ○ 1 Pck. Backpulver
- ○ gemahlener Zimt
- ○ Salz

Was noch?

- ○ ______
- ○ ______
- ○ ______
- ○ ______
- ○ ______
- ○ ______
- ○ ______
- ○ ______
- ○ ______
- ○ ______
- ○ ______
- ○ ______

Zitronentürmchen

Zutaten

- 225 g Butter
- 225 g Zucker
- 4 Eier
- Saft von 2 Zitronen
- 225 g Mehl
- 1 gehäufter EL Backpulver

Für den Zitronenguss

- 5 bis 6 EL Zitronensaft
- 250 g Puderzucker
- Papierbackförmchen

Butter, Zucker, Eier und Zitronensaft schaumig rühren, anschließend das mit dem Backpulver vermischte Mehl unterziehen.
Mit einem Esslöffel den Teig in die Papierbackförmchen füllen und auf ein Backblech setzen. Im vorgeheizten Backofen bei 180 °C ca. 25 Minuten backen.

Die Küchlein in der Papierform abkühlen lassen. Aus Zitronensaft und Puderzucker einen glatten Guss anrühren und die Oberfläche der Zitronentürmchen jeweils mit dem Zitronenguss überziehen.

Einkaufsliste: Zitronentürmchen

- ○ 1 Stck. Butter
- ○ Zucker
- ○ 4 Eier
- ○ 2 Zitronen
- ○ Mehl
- ○ 1 Pck. Backpulver
- ○ Zitronensaft
- ○ 1 Pckg. Puderzucker
- ○ Papierbackförmchen

Was noch?

○ ____________________

○ ____________________

○ ____________________

○ ____________________

○ ____________________

○ ____________________

○ ____________________

○ ____________________

○ ____________________

○ ____________________

○ ____________________

○ ____________________

Apfeltaschen

Zutaten für 6 Stück

- 3 Scheiben TK-Blätterteig
- 300 g Apfelkompott
- 1 Eigelb
- 50 g Puderzucker
- 2 bis 3 EL Zitronensaft

Backofen auf 200 °C vorheizen. TK-Blätterteigplatten bei Zimmertemperatur einzeln auf Backpapier auftauen lassen. Dann jede Teigplatte in der Mitte quer durchschneiden und etwa auf die doppelte Länge ausrollen. Auf je eine Hälfte ca. 50 g Apfelkompott verstreichen und die andere Hälfte der Teigplatte darüber klappen. Die Seiten werden mit den Fingern fest angedrückt. Eigelb kräftig verrühren. Nun die gefüllten Teigteilchen mit Eigelb bestreichen und auf ein mit Backpapier ausgelegtes Backblech legen. Im vorgeheizten Backofen ca. 20 Minuten backen.

Aus Puderzucker und Zitronensaft einen glatten Zitronenguss anrühren. Die fertigen Apfeltaschen noch warm mit dem Zitronenguss bestreichen.

Einkaufsliste: Apfeltaschen

- ○ 1 Pckg. TK-Blätterteigscheiben
- ○ 1 großes Glas Apfelkompott
- ○ 1 Ei
- ○ Puderzucker
- ○ 1 bis 2 Zitronen

Was noch?

○ ______________________________

○ ______________________________

○ ______________________________

○ ______________________________

○ ______________________________

○ ______________________________

○ ______________________________

○ ______________________________

○ ______________________________

○ ______________________________

○ ______________________________

○ ______________________________

Linzer Kuchen

Zutaten

- 100 g Zucker
- 1 Prise Salz
- 1 Ei
- 200 g Butter
- abgeriebene Zitronenschale
- ½ TL Backpulver
- 100 g gemahlene Mandeln
- 200 g Mehl

Füllung

- 5 Zwieback
- 1 Schnapsglas Rum
- 450 g Johannisbeermarmelade
- etwas Kondensmilch

Zucker, Salz, Ei, Butter und geriebene Zitronenschale schaumig schlagen. Nach und nach das mit dem Backpulver und gemahlenen Mandeln vermischte Mehl unterziehen und zu einem glatten Teig verkneten. Ein Kugel formen und in Frischhaltefolie gewickelt im Kühlschrank ca. 30 Minuten ruhen lassen. Auf einer bemehlten Arbeitsfläche zwei Drittel des Teiges ausrollen und auf ein gefettetes Backblech legen, dabei einen kleinen Rand hochziehen. Zwieback sehr klein bröseln und auf den Kuchenboden streuen. Rum mit der Johannisbeermarmelade verrühren und auf den Kuchenboden streichen. Restlichen Teig ausrollen und in schmale Streifen schneiden, den Kuchen damit gitterförmig belegen. Die Streifen mit der Kondensmilch bestreichen.

Im Backofen bei 180 °C ca. 40 Minuten backen.

Einkaufsliste: Linzer Kuchen

- ○ Zucker
- ○ 1 Ei
- ○ Salz
- ○ 1 Stck. Butter
- ○ 1 Zitrone
- ○ Mehl
- ○ 1 Pck. Backpulver
- ○ 1 Tüte gemahlene Mandeln
- ○ 1 Pckg. Zwieback
- ○ 1 Miniflasche Rum
- ○ 1 Glas Johannisbeer-marmelade
- ○ 1 Büchse Kondensmilch

Was noch?

- ○ ____________________
- ○ ____________________
- ○ ____________________
- ○ ____________________
- ○ ____________________
- ○ ____________________
- ○ ____________________
- ○ ____________________
- ○ ____________________
- ○ ____________________
- ○ ____________________
- ○ ____________________

Crème-fraîche-Torte

Zutaten

- 75 g Zucker
- 1 Pck. Vanillinzucker
- 1 Ei
- 1 Prise Salz
- 80 g Butter
- 200 g Mehl
- ½ Pck. Backpulver

Belag

- ½ l Milch
- 2 Pck. Vanillepudding
- 600 g Crème fraîche
- 175 g Zucker
- 2 Dosen Pfirsichhälften

Zucker, Vanillinzucker, Ei, Salz und Butter schaumig schlagen. Nach und nach das mit dem Backpulver vermischte Mehl unterziehen und zu einem glatten Teig verkneten. Eine Kugel formen und in Frischhaltefolie gewickelt im Kühlschrank ca. 30 Minuten ruhen lassen. Anschließend

auf einer bemehlten Arbeitsfläche den Teig ausrollen und in eine gefettete Springform legen, dabei einen Rand hochziehen.

Für den Belag aus Milch und Puddingpulver einen Vanillepudding nach Packungsanweisung zubereiten. Etwas abkühlen lassen, dann Crème fraîche und Zucker und unterrühren. Den Belag auf den Boden füllen und mit den gut abgetropften Pfirsichhälften belegen. Im Backofen bei 180 °C ca. 50 Minuten backen und in der Form auskühlen lassen.

Einkaufsliste: Crème-fraîche-Torte

- ○ Zucker
- ○ 1 Pck. Vanillinzucker
- ○ 1 Ei
- ○ Salz
- ○ 1 Stck. Butter
- ○ Mehl
- ○ 1 Pck. Backpulver
- ○ Milch
- ○ 2 Pck. Vanillepudding
- ○ 600 g Crème fraîche
- ○ Zucker
- ○ 2 Dosen Pfirsichhälften

Was noch?

- ○ ____
- ○ ____
- ○ ____
- ○ ____
- ○ ____
- ○ ____
- ○ ____
- ○ ____
- ○ ____
- ○ ____
- ○ ____
- ○ ____

Zitronen-Quarkkuchen

Zutaten

- 250 g Butter
- 300 g Zucker
- 2 Eigelb
- 5 EL Zitronensaft
- 1 Pck. Vanillinzucker
- 1 Pck. Backpulver
- 500 g Mehl

Belag

- 125 g Butter
- 1 Pck. Vanillinzucker
- 1 EL Grieß
- 250 g Zucker
- geriebene Schale einer Zitrone
- 5 Eier, getrennt
- 750 g Speisequark
- Puderzucker

Butter, Zucker, Eigelb, Zitronensaft und Vanillinzucker schaumig schlagen. Dann das mit dem Backpulver vermischte Mehl unterziehen. Den Teig gründlich verkneten und mit den Händen zu Streuseln verarbeiten. Die Teigstreusel ca. 30 Minuten im Kühlschrank kalt stellen. Dann zwei Drittel der Streusel in eine hohe Springform einfüllen und auf dem Boden fest andrücken. Für den Belag die Butter schaumig rühren, Vanillinzucker, Grieß, Zucker, geriebene Zitronenschale und Eigelb zugeben. Alles gut verrühren, dann den Quark unterziehen und alles nochmals gut vermengen. Eiweiß zu steifem Eischnee schlagen und vorsichtig unter die Quarkmasse ziehen. Den Belag auf dem Teig verteilen, glätten und mit den restlichen Streuseln bedecken. Im Backofen bei 175 °C ca. 70 Minuten backen. Eventuell zum Ende der Backzeit mit Alufolie abdecken. Den abgekühlten Kuchen mit Puderzucker bestreuen.

Achtung: Kalorienbombe! Für einen kleineren Kuchen reichen auch jeweils die Hälfte der Zutaten.

Einkaufsliste: Zitronen-Quarkkuchen

- ○ 2 Stck. Butter
- ○ Zucker
- ○ 7 Eier
- ○ Zitronensaft
- ○ 2 Pck. Vanillinzucker
- ○ 1 Pck. Backpulver
- ○ Mehl
- ○ Grieß
- ○ 1 Zitrone
- ○ 2 Becher (750 g) Speisequark
- ○ Puderzucker

Was noch?

- ○ __________
- ○ __________
- ○ __________
- ○ __________
- ○ __________
- ○ __________
- ○ __________
- ○ __________
- ○ __________
- ○ __________
- ○ __________
- ○ __________

Erdnuss-Kuchen

Zutaten

- 4 Eier
- 300 g Butter
- 200 g Zucker
- 1 Pck. Vanillinzucker
- 8 EL Milch
- 400 g Mehl
- 100 g Stärkemehl
- 1 Pck. Backpulver
- Butter und Semmelbrösel für die Form
- 8 Stück Erdnussriegel (z. B. Peanuts Bits)
- 250 g Zartbitter-Kuvertüre
- 125 g grob gehackte, ungesalzene Erdnüsse

Eier und Butter cremig rühren, nach und nach Zucker, Vanillinzucker, und Salz einrieseln lassen. Milch hinzufügen. Mehl, Stärkemehl und Backpulver mischen und unter die Eier-Butter-Masse rühren. Alles zu einem geschmeidigen Teig verarbeiten. Eine Kastenform einfetten, mit Semmelbröseln bestreuen und den Teig einfüllen. Die Erdnussriegel auf dem Teig anordnen und etwas eindrücken. Auf der mittleren Schiene den Kuchen bei 175 °Ca. 70 Minuten backen und auf einem Gitter abkühlen lassen.

Dann die Kuvertüre schmelzen und den Kuchen damit überziehen. Die Erdnüsse über die noch warme Kuvertüre streuen.

Einkaufsliste: Erdnuss-Kuchen

- ○ 4 Eier
- ○ 2 Stck. Butter
- ○ Zucker
- ○ 1 Pck. Vanillinzucker
- ○ Milch
- ○ Mehl
- ○ Stärkemehl
- ○ 1 Pck. Backpulver
- ○ Semmelbrösel
- ○ 8 Stück Erdnussriegel (z. B. Peanuts Bits)
- ○ 250 g Zartbitter-Kuvertüre
- ○ 1 Tüte ungesalzene Erdnüsse

Was noch?

- ○ ______
- ○ ______
- ○ ______
- ○ ______
- ○ ______
- ○ ______
- ○ ______
- ○ ______
- ○ ______
- ○ ______
- ○ ______
- ○ ______

Frucht-Quarkkranz

Zutaten

- 125 g Butter
- 200 g Zucker
- abgeriebene Schale einer Zitrone
- 2 Eier
- 1 Prise Salz
- 200 g Quark
- 65 g gemahlene Mandeln
- 100 g gemischte getrocknete Früchte
- 350 g Mehl
- 1 Pck. Backpulver

Butter und Zucker schaumig schlagen, dann die geriebene Zitronenschale, Eier, Salz und Quark nach und nach unterrühren. Anschließend die Mandeln und die in kleine Stücke geschnittenen, getrockneten Früchte unterheben. Mehl mit dem Backpulver vermischen und unter die Teigmasse ziehen. Den Teig kräftig durchmengen, dann in eine gefettete und bemehlte Kranzkuchenform füllen.

Im Backofen auf der unteren Schiene bei 180 °C ca. 70 Minuten backen. Nach dem Backen sofort auf ein Kuchengitter stürzen.

Einkaufsliste: Frucht-Quarkkranz

- ○ 1 Stck. Butter
- ○ Zucker
- ○ 1 Zitrone
- ○ 2 Eier
- ○ Salz
- ○ 1 Becher (200 g) Quark
- ○ 1 Tüte gemahlene Mandeln
- ○ 1 Pckg. gemischte getrocknete Früchte
- ○ Mehl
- ○ 1 Pck. Backpulver

Was noch?

- ○ ______
- ○ ______
- ○ ______
- ○ ______
- ○ ______
- ○ ______
- ○ ______
- ○ ______
- ○ ______
- ○ ______
- ○ ______
- ○ ______

Blech-Donuts

Zutaten

- 100 g Quark
- 10 EL Milch
- 4 EL Öl
- 75 g Zucker
- 1 Pck. Vanillinzucker
- 200 g Mehl
- 1 Pck. Backpulver
- 200 g Puderzucker
- 2 EL Zitronensaft

Backofen auf 180 °C vorheizen.
Aus Quark, Milch und Öl einen glatten Teig anrühren, dann Zucker und Vanillinzucker hinzufügen. Mehl mit Backpulver vermischen und unter den Quark kneten. Ein Kuchenblech mit Backpapier auslegen. Teig in einen Gefrierbeutel füllen und eine Ecke ca. 5 mm abschneiden. Mit Hilfe des Gefrierbeutels nun Ringe auf das Kuchenblech spritzen. Der Teig geht stark auf, daher genügend Abstand lassen. Man kann natürlich auch einen Spritzbeutel mit runder Tülle benutzen.

Die Donuts bei 180 °C ca. 20 bis 25 Minuten goldgelb backen. Sofort nach dem Backen auf ein Kuchengitter kippen und abkühlen lassen. Puderzucker mit Zitronensaft zu einer glatten Masse verrühren und die Donuts damit bestreichen.

Einkaufsliste: Blech-Donuts

- ○ 1 kleiner Becher Quark
- ○ Milch
- ○ Öl
- ○ Zucker
- ○ 1 Pck. Vanillinzucker
- ○ Mehl
- ○ 1 Pck. Backpulver
- ○ Puderzucker
- ○ 1 Zitrone

Was noch?

- ○ ____________________
- ○ ____________________
- ○ ____________________
- ○ ____________________
- ○ ____________________
- ○ ____________________
- ○ ____________________
- ○ ____________________
- ○ ____________________
- ○ ____________________
- ○ ____________________
- ○ ____________________

Adventstorte

Zutaten

- 75 g Butter
- 2 Eier
- 75 g Puderzucker
- 2 EL Rum
- 1 EL Wasser
- 100 g Kakaopulver, instant
- 75 g Mehl
- ½ TL Backpulver

Für die Füllung

- 1 EL Rum zum Beträufeln
- 500 ml Joghurt
- 4 EL Zucker
- Saft einer Orange
- 6 Blatt Gelatine
- 750 ml Sahne
- Schokostreusel

Butter, Eier, Puderzucker, Rum und Wasser schaumig rühren. Nach und nach das mit dem Kakaopulver und Backpulver vermischte Mehl unterheben und alles zu einem geschmeidigen Teig verarbeiten. Eine Springform mit Backpapier auslegen und bei 180 °C ca. 40 bis 45 Minuten backen. Kuchen aus der Form lösen und auf einem Kuchengitter abkühlen lassen.

Dann einen Tortenring umlegen und den Teig mit Rum beträufeln. Joghurt, Zucker und Orangensaft verrühren. Die Blattgelatine nach Packungsanweisung einweichen, ausdrücken und unter die Joghurtmasse rühren, bis sie sich völlig aufgelöst hat. Die Sahne steif schlagen und vorsichtig unter die Joghurtcreme rühren und auf dem Tortenboden verstreichen.

Die Torte mit Schokostreuseln verzieren und einige Stunden im Kühlschrank erstarren lassen.

Einkaufsliste: Adventstorte

- ○ 1 Stck. Butter
- ○ 2 Eier
- ○ Puderzucker
- ○ 1 Miniflasche Rum
- ○ lösliches Kakaopulver
- ○ Mehl
- ○ 1 Pck. Backpulver
- ○ 2 Becher (à 250 ml) Joghurt
- ○ Zucker
- ○ 1 Orange
- ○ 1 Pckg. Blattgelatine
- ○ 3 Becher Schlagsahne (à 250 ml)
- ○ 1 Pckg. Schokostreusel

Was noch?

- ○ __________
- ○ __________
- ○ __________
- ○ __________
- ○ __________
- ○ __________
- ○ __________
- ○ __________
- ○ __________
- ○ __________
- ○ __________
- ○ __________

Honigkuchen

Zutaten

- 250 g Honig
- 125 g Butter
- 3 Eier
- 140 g Zucker
- 1 TL Pottasche (10 g)
- 400 g Mehl
- 2 EL Lebkuchengewürz
- 1 TL geriebene Zitronenschale
- 2 EL Rum
- 1 EL Kakao
- 100 g Zitronat
- 50 g Orangeat
- 100 g gehackte Mandeln

Belag

- 1 Eiweiß
- 100 g gehackte Mandeln

Honig und Butter im heißen Wasserbad erwärmen, gut verrühren und wieder abkühlen lassen. Eier und Zucker schaumig schlagen, nach und nach die Honig-Butter-creme unterrühren. Pottasche mit 1 EL Wasser verrühren und zusammen mit den übrigen Zutaten der Reihe nach gründlich zu einem geschmeidigen Teig verarbeiten. Ein Backblech einfetten oder mit Backpapier auslegen, dann den Teig auf dem Backblech verteilen und glatt streichen. Zwei Eiweiße mit 1 EL Wasser verquirlen und den Teig damit bestreichen. Zum Schluss mit den gehackten Mandeln bestreuen.

Im Backofen auf der mittleren Schiene bei 180 °C ca. 25 bis 30 Minuten backen.

Einkaufsliste: Honigkuchen

- ○ 1 Glas (250 g) Honig
- ○ 1 Stck. Butter
- ○ 4 Eier
- ○ Zucker
- ○ 1 Pck. Pottasche
- ○ Mehl
- ○ 1 Pck. Lebkuchengewürz
- ○ 1 Zitrone
- ○ 1 Miniflasche Rum
- ○ Kakao
- ○ 1 Pckg. Zitronat
- ○ 1 Pckg. Orangeat
- ○ 1 Tüte gehackte Mandeln

Was noch?

- ○ ____________________
- ○ ____________________
- ○ ____________________
- ○ ____________________
- ○ ____________________
- ○ ____________________
- ○ ____________________
- ○ ____________________
- ○ ____________________
- ○ ____________________
- ○ ____________________
- ○ ____________________

Weihnachtskuchen

Zutaten

- 75 g Margarine
- 150 g Zucker
- 2 Eier
- 1 TL Zimt
- 1 TL Kakao
- 200 g Haselnüsse, gerieben
- 125 g Korinthen
- 100 g Zitronat
- 5 EL Milch
- 200 g Mehl
- 2 TL Backpulver

Für den Guss

- 150 g Puderzucker
- 2 EL Wasser

Mehl mit dem Backpulver vermischen. Restliche Zutaten separat der Reihe nach verrühren. Anschließend das mit dem Backpulver vermischte Mehl untersieben und alles zu einem geschmeidigen Rührteig verarbeiten. Ein Backblech mit Backpapier auslegen, den Teig einfüllen und glatt streichen.

Im Backofen bei 180 °C ca. 20 bis 25 Minuten backen und abkühlen lassen.

Aus Puderzucker und Wasser einen weißen Guss anrühren und über den inzwischen erkalteten Kuchen verstreichen.

Einkaufsliste: Weihnachtskuchen

- ○ 1 Stck. Butter
- ○ Zucker
- ○ 2 Eier
- ○ gemahlener Zimt
- ○ Kakao
- ○ 1 Tüte geriebene Haselnüsse
- ○ 1 Tüte Korinthen
- ○ 1 Pckg. Zitronat
- ○ Milch
- ○ Mehl
- ○ 1 Pck. Backpulver
- ○ Puderzucker

Was noch?

- ○ ____________________
- ○ ____________________
- ○ ____________________
- ○ ____________________
- ○ ____________________
- ○ ____________________
- ○ ____________________
- ○ ____________________
- ○ ____________________
- ○ ____________________
- ○ ____________________
- ○ ____________________

Gefüllter Marzipankuchen

Zutaten

- 175 g Mehl
- 150 g Butter
- 75 g Zucker
- 1 Eigelb

Füllung

- 200 g schwarze Johannisbeermarmelade
- 200 g Marzipanrohmasse
- 2 Eier
- 25 g Mehl

Mehl, Butter, Zucker und das Eigelb zu einem Mürbeteig verkneten. In Frischhaltefolie wickeln und 30 Minuten im Kühlschrank ruhen lassen. Dann den Teig auf einer bemehlten Arbeitsfläche ausrollen und den Boden einer eingefetteten Springform damit belegen. Am Rand den Teig etwas hochdrücken. Im Backofen bei 200 °C ca. 10 Minuten vorbacken.

In der Zwischenzeit die Marzipanrohmasse grob raspeln und mit den Eiern und dem Mehl zu einem Teig verarbeiten. Den Kuchenboden mit der Marmelade bestreichen und mit der Marzipanmasse bedecken.

Den Kuchen weitere 35 Minuten bei 180 °C backen.

Einkaufsliste: Gefüllter Marzipankuchen

- ○ Mehl
- ○ 1 Stck. Butter
- ○ Zucker
- ○ 3 Eier
- ○ 1 Glas schwarze Johannisbeermarmelade
- ○ 1 Pckg. Marzipanrohmasse

Was noch?

○ ______________________

○ ______________________

○ ______________________

○ ______________________

○ ______________________

○ ______________________

○ ______________________

○ ______________________

○ ______________________

○ ______________________

○ ______________________

○ ______________________

Gingerbrot

Zutaten

- 150 g Butter
- 120 g brauner Zucker
- 180 g Rübensirup
- 1 EL Wasser
- 2 TL Ingwerpulver (Ginger)
- 200 g Mehl
- 2 TL Backpulver
- 1 TL geriebene Zitronenschale
- 2 Eier

Butter mit Zucker, Rübensirup und Wasser in einem Kochtopf langsam erhitzen, bis die Butter geschmolzen und der Zucker aufgelöst ist. Ingwerpulver, Mehl und Backpulver mischen. Nun die flüssigen Zutaten mit den trockenen Zutaten gründlich miteinander verrühren, bis ein glatter Teig vorhanden ist. Zum Schluss die geriebene Zitronenschale und die verquirlten Eier hinzufügen und alles nochmals gut durchrühren. Eine Kastenform mit Backpapier auslegen und den Teig einfüllen. Im Backofen bei 180 °C ca. 60 bis 70 Minuten backen. In der Backform auskühlen lassen.

Empfehlung: Geschlagene Sahne dazu reichen.

Einkaufsliste: Gingerbrot

- ○ 1 Stck. Butter
- ○ 1 Pckg. brauner Zucker
- ○ 1 Glas Rübensirup
- ○ Ingwerpulver (Ginger)
- ○ Mehl
- ○ 1 Pck. Backpulver
- ○ 1 Zitrone
- ○ 2 Eier

Was noch?

- ○ ____________________
- ○ ____________________
- ○ ____________________
- ○ ____________________
- ○ ____________________
- ○ ____________________
- ○ ____________________
- ○ ____________________
- ○ ____________________
- ○ ____________________
- ○ ____________________
- ○ ____________________

Schnelle Spekulatius-Mascarpone-Torte

**Zutaten
für den Boden**

- 300 g Spekulatius
- 150 g Butter

**Für die Mascarpone-
Creme**

- 8 Blatt Gelatine
- 500 g Mascarpone
- 500 g Magerquark
- 4 EL Honig
- 2 EL Zimt
- 200 g Zucker
- 400 g Schlagsahne
- 2 Pck. Sahnesteif

Spekulatius in eine Gefriertüte geben und mit den Händen oder einer Backrolle zu feinen Krümeln verarbeiten. Anschließend die Krümel in eine Schüssel geben, Butter hinzufügen und mit den Händen alles gründlich verkneten. In eine eingefettete Springform nun die Keks-Butter-Masse zu einem Boden andrücken. Im Kühlschrank mindestens eine Stunde kalt stellen.

In der Zwischenzeit die Gelatine nach Packungsanweisung einweichen. Mascarpone, Quark, Honig, Zimt und Zucker verrühren. Die tropfnasse Gelatine bei kleiner Hitze auflösen, etwas abkühlen lassen und vorsichtig mit der Marscarponecreme verrühren. Die Sahne mit dem Sahnesteif steif schlagen und die Hälfte der Sahne unter die Creme rühren. Creme auf Tortenboden streichen und mehrere Stunden im Kühlschrank fest werden lassen. Torte aus dem Ring lösen und mit der restlichen Sahne rundum bestreichen und verzieren.

Einkaufsliste: Schnelle Spekulatius-Mascarpone-Torte

- ○ 1 Pckg. (300 g) Spekulatius
- ○ 1 Stck. Butter
- ○ 2 Pckg. Blattgelatine
- ○ 1 Becher Mascarpone (500 g)
- ○ 1 Becher Magerquark
- ○ 1 Glas Honig
- ○ Zimt
- ○ Zucker
- ○ 2 Becher (à 200 ml) Schlagsahne
- ○ 2 Pck. Sahnesteif

Was noch?

- ○ ____________
- ○ ____________
- ○ ____________
- ○ ____________
- ○ ____________
- ○ ____________
- ○ ____________
- ○ ____________
- ○ ____________
- ○ ____________
- ○ ____________
- ○ ____________

Tiroler Kuchen

Zutaten

- 125 g Butter
- 250 g Zucker
- 5 Eier, getrennt
- 275 g Mehl
- 100 g Schokoraspel
- 100 g gehackte Mandeln
- 30 g Zucker

Butter, Zucker und Eigelb schaumig schlagen. Nach und nach das Mehl hinzufügen und alles zu einem geschmeidigen Rührteig verarbeiten. Eiweiß steif schlagen und vorsichtig unter den Teig heben.

Ein Backblech mit Backpapier auslegen und den Teig gleichmäßig darauf verteilen. Schokolade, Mandeln und Zucker mischen und anschließend auf den Teig streuen.

Im Backofen bei 188 °C ca. 25 Minuten backen.

Einkaufsliste: Tiroler Kuchen

- ○ 1 Stck. Butter
- ○ Zucker
- ○ 5 Eier
- ○ Mehl
- ○ 1 Pckg. Schokoraspel
- ○ 1 Tüte gehackte Mandeln

Was noch?

- ○ ____________
- ○ ____________
- ○ ____________
- ○ ____________
- ○ ____________
- ○ ____________
- ○ ____________
- ○ ____________
- ○ ____________
- ○ ____________
- ○ ____________
- ○ ____________

Quarkstollen

Zutaten für den Teig

- 500 g Mehl
- 1 Pck. Backpulver
- 1 Prise Zimt
- 1 Prise Muskat
- 1 Prise Kadamom
- ½ abgeriebene Zitroneschale
- 150 g Zucker
- 1 Prise Salz
- 1 Pck. Vanillinzucker
- 2 Eier
- 4 EL Rum
- 2 EL Zitronensaft
- 400 g Quark
- 125 g Butter
- 50 g Schmalz

Für die Teigfüllung

- 150 g Korinthen
- 250 g Rosinen
- 125 g gehackte Mandeln
- 150 g Zitronat
- 50 g Butter
- 100 g Puderzucker

Mehl und Backpulver miteinander vermischen. Dann alle übrigen Zutaten für den Teig nach und nach hinzufügen und alles gründlich verkneten. Zum Schluss die Rosinen, Korinthen, Mandeln und das Zitronat unter den Teig kneten und diesen zu einem Stollen formen.

Den Quarkstollen auf ein mit Backpapier ausgelegtes Blech legen und im Backofen bei 180 °C ca. 70 Minuten backen. Butter auslassen.

Sofort nach dem Backen den Stollen mit der flüssigen Butter bestreichen und mit Puderzucker bestäuben.

Einkaufsliste: Quarkstollen

- ○ Mehl
- ○ 1 Pck. Backpulver
- ○ gemahlener Zimt
- ○ gemahlener Muskat
- ○ Kadamom
- ○ 1 Zitrone
- ○ Zucker
- ○ Salz
- ○ 1 Pck. Vanillinzucker
- ○ 2 Eier
- ○ 1 Miniflasche Rum
- ○ 1 Becher Quark
- ○ 1 Stck. Butter
- ○ 1 Würfel Schmalz
- ○ Korinthen
- ○ Rosinen
- ○ 2 Tüten gehackte Mandeln
- ○ 1 Pckg. Zitronat
- ○ Puderzucker

Was noch?

- ○ ____________________
- ○ ____________________
- ○ ____________________
- ○ ____________________
- ○ ____________________
- ○ ____________________
- ○ ____________________
- ○ ____________________
- ○ ____________________
- ○ ____________________
- ○ ____________________
- ○ ____________________

Ingwerkuchen

Zutaten

- 150 g konservierter Ingwer
- 180 g Butter
- 180 g Zucker
- 3 Eier
- 250 g Mehl
- 1 TL Backpulver

Zum Verzieren

- Stücke vom kandierten Ingwer
- 2 Äpfel
- etwas Zitronensaft

Den konservierten Ingwer abtropfen lassen und in kleine Stücke schneiden.

Butter und Zucker cremig rühren, die Eier dazugeben, alles gut vermengen und das mit dem Backpulver vermischte Mehl unterheben. Unter diesen Teig den in Stücke geschnittenen Ingwer geben. Den Teig in eine mit Backpapier ausgelegte Springform füllen und im Backofen bei 180 °C ca. 70 Minuten backen.

Apfel schälen, entkernen und in Scheiben schneiden. Den Kuchen noch heiß mit Ingwerstücken und den mit Zitronensaft beträufelten Apfelscheiben belegen.

Einkaufsliste: Ingwerkuchen

- ○ 1 Glas konservierter Ingwer
- ○ 1 Stck. Butter
- ○ Zucker
- ○ 3 Eier
- ○ Mehl
- ○ 1 Pck. Backpulver
- ○ 2 Äpfel
- ○ 1 Zitrone

Was noch?

- ○ ____________________
- ○ ____________________
- ○ ____________________
- ○ ____________________
- ○ ____________________
- ○ ____________________
- ○ ____________________
- ○ ____________________
- ○ ____________________
- ○ ____________________
- ○ ____________________
- ○ ____________________

Haselnusskuchen mit Honig

Zutaten

- 180 g Butter
- 225 g Zucker
- 4 Eier
- 2 EL Sahne
- 2 EL Honig
- 125 g gemahlene Haselnüsse
- 100 g Mehl
- 65 g flüssiger Honig

Für den Guss

- 250 g Puderzucker
- 2 EL Zitronensaft
- 2 EL Wasser
- 50 g gehackte Haselnüsse

Butter, Zucker und Eier schaumig rühren. Sahne und Honig hinzufügen und Haselnüsse und Mehl unterziehen. Eine Kastenform mit Backpapier auslegen und den Teig einfüllen. Im Backofen bei 180 °C ca. 45 Minuten backen.

Den Kuchen aus der Form stürzen, mehrmals mit einer Gabel einstechen und noch heiß mit dem flüssigen Honig bestreichen. Nun den Kuchen völlig abkühlen lassen.

Puderzucker mit Zitronensaft und Wasser verrühren und den Kuchen damit überziehen. Zum Schluss mit den gerösteten Haselnüssen bestreuen.

Einkaufsliste: Haselnusskuchen mit Honig

- ○ 1 Stck. Butter
- ○ Zucker
- ○ 4 Eier
- ○ 1 kleiner Becher Sahne
- ○ 1 Glas Honig
- ○ 1 Tüte gemahlene Haselnüsse
- ○ Mehl
- ○ 1 Pckg. Puderzucker
- ○ 1 Zitrone
- ○ 1 Tüte gehackte Haselnüsse

Was noch?

- ○ __________
- ○ __________
- ○ __________
- ○ __________
- ○ __________
- ○ __________
- ○ __________
- ○ __________
- ○ __________
- ○ __________
- ○ __________
- ○ __________

Nougatkuchen

Zutaten für den Teig

- 4 Eier
- 200 g Zucker
- 200 g Mehl
- ½ Pck. Backpulver

Für den Belag

- 125 g Kokosfett
- 250 g Butter
- 5 Nougatstangen
- 2 Eier, getrennt
- 125 g Puderzucker
- 25 g Kakao
- gehackte Mandeln

Eier und Zucker schaumig schlagen und nach und nach das mit dem Backpulver vermischte Mehl untersieben. Den Teig in eine mit Backpapier ausgelegte Springform füllen und im Backofen bei 180 °C ca. 25 Minuten goldgelb backen. Um den völlig erkalteten Kuchen einen Tortenring legen.

Kokosfett, Butter und Nougatstangen bei wenig Hitze in einem Topf zerlaufen lassen. Eigelb, Puderzucker und Kakao unter die handwarme Masse rühren. Zum Schluss das steif geschlagene Eiweiß unterheben. Die Nougatmasse auf den inzwischen abgekühlten Boden streichen und mit gehackten Mandeln bestreuen.

Im Kühlschrank mehrere Stunden fest werden lassen.

Einkaufsliste: Nougatkuchen

- ○ 6 Eier
- ○ Zucker
- ○ Mehl
- ○ 1 Pck. Backpulver
- ○ 1 Pckg. Kokosfett
- ○ 1 Stck. Butter
- ○ 5 Nougatstangen
- ○ 1 Pckg. Puderzucker
- ○ Kakao
- ○ 1 Tüte gehackte Mandeln

Was noch?

- ○ ____________________
- ○ ____________________
- ○ ____________________
- ○ ____________________
- ○ ____________________
- ○ ____________________
- ○ ____________________
- ○ ____________________
- ○ ____________________
- ○ ____________________
- ○ ____________________
- ○ ____________________

Christmas-Stollen

Zutaten

- 500 g Rosinen
- 75 ml Rum
- 125 g Zucker
- 250 ml lauwarme Milch
- 1 ½ Päckchen Trockenhefe
- 1 Ei
- ½ TL Salz
- 1 kg Mehl
- 375 g Butter
- 100 g Zitronat
- 200 g gehackte Mandeln
- 50 g Orangeat
- ½ Fläschchen Rumaroma
- 1 ½ Pck. Vanillinzucker
- 1 EL abgeriebene Zitronenschalen
- ½ Fläschchen Bittermandelaroma

Zum Bestreichen

- 125 g Butter
- Puderzucker
- 2 Pck. Vanillinzucker

Die Rosinen waschen, anschließend mit Rum übergießen und zugedeckt über Nacht durchziehen lassen. Am nächsten Tag Zucker, Milch und Hefe verrühren. Ein Drittel des gesiebten Mehles in eine Schüssel geben, eine Mulde eindrücken und mit der Hefemasse verrühren. Etwas Mehl darüber stäuben, mit einem Tuch abdecken und 20 Minuten an einem warmen Ort gehen lassen. Nun den aufgegangenen Hefeteig mit allen übrigen Zutaten gut durchkneten und erneut eine Stunde ruhen lassen.

Alles nochmals gut durchkneten und aus dem Teig zwei Stollen formen. Ein Backblech mit Backpapier auslegen und die Stollen darauf anordnen. Im Backofen bei 180 °C ca. 70 Minuten backen.

Die zerlassene Butter auf den noch warmen Kuchen streichen und mit Puderzucker und Vanillinzucker bestäuben.

Einkaufsliste: Christmas-Stollen

- ○ 500 g Rosinen
- ○ 1 kleine Flasche Rum
- ○ Zucker
- ○ Milch
- ○ 2 Päckchen Trockenhefe
- ○ 1 Ei
- ○ Salz
- ○ Mehl
- ○ 2 Stck. Butter
- ○ 1 Pckg. Zitronat
- ○ 2 Tüten gehackte Mandeln
- ○ 1 Pckg. Orangeat
- ○ 1 Fläschchen Rumaroma
- ○ 4 Pck. Vanillinzucker
- ○ 1 Zitrone
- ○ 1 Fläschchen Bittermandelaroma
- ○ Puderzucker

Was noch?

- ○ ______
- ○ ______
- ○ ______
- ○ ______
- ○ ______
- ○ ______
- ○ ______
- ○ ______
- ○ ______
- ○ ______
- ○ ______
- ○ ______

Haselnusstorte

Zutaten

- 7 Eier, getrennt
- 100 g Zucker
- 100 g gemahlene Haselnüsse
- 5 EL Semmelbrösel
- 30 g Mehl

Belag

- ½ l Schlagsahne
- 100 g gehackte Haselnüsse

6 Eigelb und ein ganzes Ei mit dem Zucker schaumig rühren. Gemahlene Haselnüsse, Semmelbrösel und Mehl zugeben. Das Eiweiß sehr steif schlagen und vorsichtig unter die Teigmasse heben. Eine Springform mit Fett ausstreichen, den Teig einfüllen und bei mittlerer Hitze (ca. 175 °C) backen.

Den fertigen Kuchen in der Form auskühlen lassen, dann auf eine Tortenplatte legen. Die steif geschlagene Sahne kuppelartig auf den Kuchenboden streichen und mit den gehackten Nüssen bestreuen.

Einkaufsliste: Haselnusstorte

- ○ 7 Eier
- ○ Zucker
- ○ 1 Tüte gemahlene Haselnüsse
- ○ Semmelbrösel
- ○ Mehl
- ○ 1 Becher (250 ml) Schlagsahne
- ○ 1 Tüte gehackte Haselnüsse

Was noch?

○ ______________________

○ ______________________

○ ______________________

○ ______________________

○ ______________________

○ ______________________

○ ______________________

○ ______________________

○ ______________________

○ ______________________

○ ______________________

○ ______________________

Lebkuchenherzen

Zutaten

- 500 g Bienenhonig
- 250 g Zucker
- 100 g Butter
- 2 Eier
- 1 kg Mehl
- 1 Pckg. Lebkuchengewürz
- 100 g Haselnüsse, gemahlen
- 1 Fläschchen Zitronenaroma
- 3 TL Zimt
- 1 TL gemahlene Nelken
- 20 g Pottasche
- 2 Pckg. Schokoladenglasur

Honig, Zucker und Butter zusammen erwärmen, bis die Masse handwarm ist. Eier hinzufügen und alles cremig rühren. Das Mehl langsam in die Masse sieben und alle Gewürze und die Haselnüsse zugeben (die Pottasche zuvor in etwas Wasser auflösen). Den Teig gut durchkneten und zugedeckt einen ganzen Tag an einem warmen Ort ruhen lassen.

Den Teig am nächsten Tag auf einer bemehlten Arbeitsfläche zentimeterdick ausrollen. Große Herzen ausstechen und auf ein mit Backpapier belegtes Backblech legen. Im Backofen bei 170 °C ca. 15 bis 20 Minuten backen.

Schokoglasur im heißen Wasserbad schmelzen und die Lebkuchenherzen damit überziehen.

Einkaufsliste: Lebkuchenherzen

- ○ 1 Glas (500 g) Bienenhonig
- ○ Zucker
- ○ 1 Stck. Butter
- ○ 2 Eier
- ○ Mehl
- ○ 1 Pckg. Lebkuchengewürz
- ○ 1 Tüte gemahlene Haselnüsse
- ○ 1 Fläschchen Zitronenaroma
- ○ Zimt
- ○ 1 TL gemahlene Nelken
- ○ 1 Pck. Pottasche
- ○ 2 Pckg. Schokoladenglasur

Was noch?

- ○ ____________________
- ○ ____________________
- ○ ____________________
- ○ ____________________
- ○ ____________________
- ○ ____________________
- ○ ____________________
- ○ ____________________
- ○ ____________________
- ○ ____________________
- ○ ____________________
- ○ ____________________

Nusstorte mit Eierlikörcreme

Zutaten für den Teig

- 9 Eier
- 275 g Zucker
- 1 Pck. Vanillinzucker
- 1 Prise Salz
- 1 EL Rum
- 130 g geriebene Nüsse
- 130 g Mehl
- 1 TL Backpulver

Für die Creme

- 250 g Butter
- 150 g Puderzucker
- 1 Eigelb
- 1 Pck. Vanillinzucker
- 60 ml Eierlikör
- 3 Blatt Gelatine
- Schokoladenglasur

Eier, Zucker, Vanillinzucker, Salz und Rum schaumig rühren. Nüsse untermengen, dann das mit dem Backpulver vermischte Mehl unterheben. In einer mit Backpapier ausgelegten Springform bei 170 °C ca. 25 bis 30 Minuten backen.

Ausgekühlt einmal quer durchschneiden. Für die Creme die weiche Butter und 100 g Puderzucker cremig rühren. Dann Eigelb und Vanillinzucker einrühren. Die Blattgelatine nach Packungsanweisung einweichen. Restlichen Zucker, Eierlikör und die tropfnasse Gelatine erwärmen, gut umrühren und die Gelatine auflösen. Etwas auskühlen lassen und die Masse in die Buttercreme einrühren. Um den unteren Tortenboden einen Tortenring legen, die Buttercreme auf den Boden verstreichen und den zweiten Boden auflegen.

Alles mit der im heißen Wasserbad aufgelösten Schokoladenglasur überziehen.

Einkaufsliste: Nusstorte mit Eierlikörcreme

- ○ 10 Eier
- ○ Zucker
- ○ 2 Pck. Vanillinzucker
- ○ Salz
- ○ 1 Miniflasche Rum
- ○ 1 Tüte gemahlene Nüsse
- ○ Mehl
- ○ 1 Pck. Backpulver
- ○ 1 Stck. Butter
- ○ Puderzucker
- ○ 1 kleine Flasche Eierlikör
- ○ 1 Pckg. Blattgelatine
- ○ 1 Pckg. Schokoladen-glasur

Was noch?

- ○ ____________________
- ○ ____________________
- ○ ____________________
- ○ ____________________
- ○ ____________________
- ○ ____________________
- ○ ____________________
- ○ ____________________
- ○ ____________________
- ○ ____________________
- ○ ____________________
- ○ ____________________

Hell-Dunkel-Torte

Zutaten für den Teig

- 4 Eier
- 1 Prise Salz
- 80 g Zucker
- 120 g Mehl
- 60 g zerlassene Butter

Für die Füllung

- 250 g Sahne
- 125 g Zartbitterschokolade
- 125 g weiße Schokolade
- 2 EL Schokostreusel

Eier trennen. Mit dem Handrührgerät Eigelb mit dem Salz und dem Zucker sehr schaumig rühren. Eiweiß steif schlagen und auf die Eigelb-Creme setzen. Mehl übersieben und alles vorsichtig miteinander vermengen. Zum Schluss die zerlassene Butter unterrühren. Teig in eine gefettete Springform füllen und im vorgeheizten Ofen bei 200 °C ca. 15 Minuten backen. Dann vorsichtig die Form entfernen, Boden auf einem Kuchengitter abkühlen lassen und einmal quer durchschneiden. Um den unteren Boden einen Tortenring legen.

125 g Sahne in einem Topf erwärmen und die weiße Schokolade darin auflösen. Die restliche Sahne separat erwärmen und darin die Zartbitterschokolade auflösen. Kühl stellen und anschließend wieder separat mit dem Mixer steif schlagen. Nun die helle Schokosahne auf dem Tortenboden verstreichen und vorsichtig mit dem zweiten Boden abdecken. Diesen mit der dunklen Schokosahne bestreichen und alles mit Schokostreuseln verzieren.

Vor dem Servieren mindestens zwei Stunden im Kühlschrank alles fest werden lassen.

Einkaufsliste: Hell-Dunkel-Torte

- ○ 4 Eier
- ○ Salz
- ○ Zucker
- ○ Mehl
- ○ 1 Stck. Butter
- ○ 1 Becher (250 ml) Sahne
- ○ 1 Tafel Zartbitterschokolade
- ○ 1 Tafel weiße Schokolade
- ○ 1 Tüte Schokostreusel

Was noch?

○ ____________________

○ ____________________

○ ____________________

○ ____________________

○ ____________________

○ ____________________

○ ____________________

○ ____________________

○ ____________________

○ ____________________

○ ____________________

○ ____________________

Nussecken

Zutaten für den Teig

- 175 g Butter
- 1 Ei
- 100 g brauner Zucker
- 1 Prise Salz
- 375 g Weizen-vollkornmehl
- 1 Pck. Backpulver
- Aprikosenmarmelade

Für den Belag

- 175 g Butter
- 125 g brauner Zucker
- ca. 4 EL Wasser
- 450 g gehackte Haselnüsse
- 2 Pckg. dunkle Kuvertüre

Butter, Eier, Salz und Zucker schaumig schlagen. Mehl und Backpulver mischen und nach und nach unter die Butter-Eier-Creme rühren. Alle Zutaten zu einem Mürbeteig kneten und auf einer bemehlten Arbeitsfläche ausrollen. Ein Backblech mit Backpapier auslegen, den Teigboden auflegen und mit der Marmelade bestreichen.

Für den Belag die Butter und den Zucker mit geringer Hitzezufuhr in einem Topf auslassen, sofort wenn die Masse zu kochen beginnt vom Herd nehmen. Nun die Haselnüsse und das Wasser hinzufügen, alles gründlich umrühren und die Masse auf den Kuchenboden streichen.

Im Backofen bei 180 °C ca. 30 Minuten backen. Noch warm erst in Vierecke, dann in Dreiecke schneiden. Auf dem Blech abkühlen lassen. Kuvertüre im heißen Wasserbad schmelzen. Jeweils eine Ecke der Nussecken nun in die flüssige Kuvertüre tauchen und auf Butterbrotpapier die Ecken mit dem Schokoguss erstarren lassen.

Einkaufsliste: Nussecken

- 2 Stck. Butter
- 1 Ei
- 1 Pckg. brauner Zucker
- Salz
- Weizenvollkornmehl
- 1 Pck. Backpulver
- 1 Glas Aprikosen-marmelade
- 5 Tüten gehackte Haselnüsse
- 2 Pckg. dunkle Kuvertüre

Was noch?

- ______________________
- ______________________
- ______________________
- ______________________
- ______________________
- ______________________
- ______________________
- ______________________
- ______________________
- ______________________
- ______________________
- ______________________

Mandelstern

Zutaten

- 150 g Puderzucker
- 60 g Butter
- 2 Eier
- 125 g Multivitamin-buttermilch
- 1 TL Lebkuchengewürz
- 1 TL Zimt
- 1 Prise Salz
- 50 g gehackte Mandeln
- 1 TL Backpulver
- 125 g Mehl
- Puderzucker zum Bestäuben
- 1 Stern-Backform

Puderzucker und weiche Butter in einer Schüssel cremig rühren, Eier mit dem Schneebesen schlagen und unter die Buttermasse rühren. Buttermilch, Lebkuchengewürz, Zimt, Salz, gehackte Mandeln hinzufügen und das mit dem Backpulver vermischte Mehl unterheben.

Den Teig in eine eingefettete Stern-Backform füllen. Im Backofen bei 175 °C ca. 40 bis 45 Minuten backen. Den Stern auf ein Kuchengitter stürzen und nach dem Erkalten mit Puderzucker bestäuben.

Einkaufsliste: Mandelstern

- ○ Puderzucker
- ○ 1 Stck. Butter
- ○ 2 Eier
- ○ 1 Becher (125 ml) Multivitaminbuttermilch
- ○ 1 Pck. Lebkuchengewürz
- ○ Zimt
- ○ Salz
- ○ 1 Tüte gehackte Mandeln
- ○ 1 Pck. Backpulver
- ○ Mehl
- ○ Puderzucker
- ○ 1 Stern-Backform

Was noch?

- ○ ______________________
- ○ ______________________
- ○ ______________________
- ○ ______________________
- ○ ______________________
- ○ ______________________
- ○ ______________________
- ○ ______________________
- ○ ______________________
- ○ ______________________
- ○ ______________________
- ○ ______________________

Giotto-Torte

Zutaten für den Teig

- 6 Eier
- 200 g Zucker
- 125 g Mehl
- 1 Pck. Backpulver
- 125 g gemahlene Nüsse

Für den Belag

- 375 ml Schlagsahne
- 2 Pck. Sahnesteif
- 2 Pck. Vanillinzucker
- 24 Kugeln Giotto
- 16 ganze Nüsse zum Verzieren

Eier trennen, Eiweiß mit dem elektrischen Handrührgerät auf höchster Stufe steif schlagen, dabei den Zucker einrieseln lassen. Mehl mit dem Backpulver mischen und nach und nach mit dem Eigelb verrühren. Dann die gemahlenen Haselnüsse zufügen und alles nochmals gut durchrühren. Zum Schluss den Eischnee unterheben. Eine Springform einfetten, den Teig einfüllen und im vorgeheizten Backofen bei 180 °C ca. 45 Min. backen.

Den Boden auf einem Kuchengitter völlig abkühlen lassen, dann auf eine Tortenplatte legen und einen Tortenring umlegen. Sahne mit Vanillinzucker und Sahnesteif steif schlagen. Giottokugeln pürieren und unter die Sahne heben. Giottosahne auf den Boden streichen und mit Nüssen verzieren.

Zwei Stunden im Kühlschrank kalt stellen.

Einkaufsliste: Giotto-Torte

- ○ 6 Eier
- ○ Zucker
- ○ Mehl
- ○ 1 Pck. Backpulver
- ○ 1 Tüte gemahlene Nüsse
- ○ 2 Becher (a 200 ml) Schlagsahne
- ○ 2 Pck. Sahnesteif
- ○ 2 Pck. Vanillinzucker
- ○ 24 Kugeln Giotto oder ähnliches Konfekt
- ○ 1 Tüte ganze Haselnüsse

Was noch?

- ○ ____________________
- ○ ____________________
- ○ ____________________
- ○ ____________________
- ○ ____________________
- ○ ____________________
- ○ ____________________
- ○ ____________________
- ○ ____________________
- ○ ____________________
- ○ ____________________
- ○ ____________________

Knuspriger Weihnachtszauber

Zutaten für den Teig

- 6 Eigelb
- 225 g Zucker
- 200 g gemahlene Haselnüsse
- 125 g Schokoraspel
- 2 EL Mehl
- 6 Eiweiß

Für den Belag

- 600 ml Sahne
- 2 Pck. Sahnesteif
- 3 Pck. Vanillinzucker
- 12 Riegel Crispy Bits

Eigelb und Zucker mit dem Handrührgerät auf höchster Stufe schaumig rühren. Nach und nach die gemahlenen Haselnüsse, Schokoraspel und das Mehl unterrühren. Zum Schluss das steif geschlagene Eiweiß unter den Teig heben. Eine Springform mit Backpapier auslegen, den Teig einfüllen und bei 180 °C ca. 30 Minuten backen.

Danach den Kuchen aus der Form lösen und völlig abkühlen lassen. Sahne mit Sahnesteif und Vanillinzucker steif schlagen. Die Crispy Bits mit einer Gabel sehr fein zerdrücken und vorsichtig unter die Sahne heben. Um den Tortenboden einen Tortenring legen.

Anschließend die Knuspersahne auf dem Kuchen verstreichen.

Einkaufsliste: Knuspriger Weihnachtszauber

- ○ 6 Eier
- ○ Zucker
- ○ 1 Tüte gemahlene Haselnüsse
- ○ 1 Pck. Schokoraspel
- ○ Mehl
- ○ 3 Becher Sahne (á 200 ml)
- ○ 2 Pck. Sahnesteif
- ○ 3 Pck. Vanillinzucker
- ○ 12 Riegel Crispy Bits

Was noch?

○ ______________________

○ ______________________

○ ______________________

○ ______________________

○ ______________________

○ ______________________

○ ______________________

○ ______________________

○ ______________________

○ ______________________

○ ______________________

○ ______________________

Nikolaustorte

Zutaten für den Teig

- 8 Eier
- 125 g Zucker
- 1 Pck. Vanillinzucker
- 100 g Mehl
- 2 TL Backpulver
- 125 g gemahlene Mandeln
- 125 g Kokosraspel

Für die Füllung

- 2 Tafeln Zartbitterschokolade
- ½ l Sahne
- ⅛ l Espresso
- 4 EL Cognac

Zutaten für die Deko

- 1 Pckg. Schokoglasur
- einige Mokkabohnen

Eier trennen. Mit dem Handrührgerät auf höchster Stufe Eigelb, Vanillinzucker und Zucker schaumig rühren. Mehl mit Backpulver mischen und langsam unter die Eimasse rühren. Dann die Mandeln und Kokosraspel mit dem steif geschlagenen Eiweiß unter den Teig heben. Diesen in eine gefettete Springform füllen und bei 175 °Ca. 40 Min. backen.

Anschließend aus der Form lösen und auf einem Kuchengitter abkühlen lassen. In einem Topf die Sahne mit der zerkleinerten Schokolade schmelzen und unter gelegentlichem Rühren abkühlen lassen. Die Schokosahne mit dem Schaumschläger schaumig schlagen. Den Kuchen waagerecht durchschneiden. Die Böden mit kaltem Espresso und Cognac beträufeln. Um den unteren Boden einen Tortenring legen und mit Schokosahne bestreichen. Den zweiten Boden auflegen, mit der im heißen Wasserbad geschmolzenen Schokoglasur überziehen und mit Mokkabohnen garnieren.

Einkaufsliste: Nikolaustorte

- ○ 8 Eier
- ○ Zucker
- ○ 1 Pck. Vanillinzucker
- ○ Mehl
- ○ 1 Pck. Backpulver
- ○ 1 Tüte gemahlene Mandeln
- ○ 1 Tüte Kokosraspel
- ○ 2 Tafeln Zartbitterschokolade
- ○ 1 Becher Sahne (250 ml)
- ○ Espressopulver
- ○ 1 Miniflasche Cognac
- ○ 1 Pckg. Schokoglasur
- ○ 1 Pckg. Mokkabohnen

Was noch?

- ○ ______
- ○ ______
- ○ ______
- ○ ______
- ○ ______
- ○ ______
- ○ ______
- ○ ______
- ○ ______
- ○ ______
- ○ ______
- ○ ______

Schwedischer Gewürzkuchen

Zutaten für den Teig

- 100 g Butter
- 175 g Zucker
- 3 Eier
- 200 g saure Sahne
- 250 g Weizenmehl
- 2 TL Backpulver
- 1 TL Zimt
- 1 TL Nelkenpulver
- 1 TL Ingwerpulver
- 2 EL Apfelsinen-marmelade
- 2 EL geriebene Mandeln

Butter, Zucker und Eier schaumig schlagen. Nun die saure Sahne unterrühren. Das Mehl und die Gewürze mischen und löffelweise unter die Eier-Sahne-Masse rühren. Zum Schluss die Apfelsinenmarmelade und die geriebenen Mandeln hinzufügen und alles zu einem geschmeidigen Teig verarbeiten.

Den Teig in eine gefettete und bemehlte Kastenform füllen und bei 175 °C im Backofen ca. 60 Minuten backen.

Einkaufsliste: Schwedischer Gewürzkuchen

- ○ 1 Stck. Butter
- ○ Zucker
- ○ 3 Eier
- ○ 1 Becher (200 ml) saure Sahne
- ○ Weizenmehl
- ○ 1 Pck. Backpulver
- ○ Nelkenpulver
- ○ Ingwerpulver
- ○ 1 kleines Glas Apfelsinenmarmelade
- ○ 1 Tüte geriebene Mandeln

Was noch?

- ○ ____________________
- ○ ____________________
- ○ ____________________
- ○ ____________________
- ○ ____________________
- ○ ____________________
- ○ ____________________
- ○ ____________________
- ○ ____________________
- ○ ____________________
- ○ ____________________
- ○ ____________________

Hefe-Napfkuchen

Zutaten

- 500 g Mehl
- 1 Würfel Hefe
- 120 g Zucker
- ⅛ l lauwarme Milch
- 180 g Butter
- 3 Eier
- 2 Eigelb
- abgeriebene Schale einer halben Zitrone
- ½ TL Salz
- 3 EL Sahne
- je 50 g Korinthen, Rosinen, Zitronat, gehackte Mandeln und Orangeat
- 1 EL Rum
- Butter und Semmelbrösel für die Form
- Puderzucker zum Bestäuben

Mehl in eine Schüssel geben und in die Mitte eine Mulde drücken. Hefe hineinbröckeln und mit einem Teelöffel Zucker und etwas Milch zum Vorteig verrühren. Mit einem Geschirrtuch abgedeckt an einem warmen Ort ca. 15 Minuten gehen lassen.

In der Zwischenzeit Butter, den restlichen Zucker, Eier und Eigelb schaumig schlagen und Gewürze und Sahne hinzufügen. Die Korinthen und Rosinen heiß waschen, zwischen Küchenkrepp trocknen und mit Mandeln, Zitronat und Orangeat in einer Schüssel mit dem Rum vermischen und zugedeckt beiseite stellen.

Die Eiermischung und die restliche Milch zum Vorteig geben und alles zu einem glatten Teig verrühren. Die Früchte unterheben und den Teig in eine gefettete und mit Semmelbröseln eingestreute Napfkuchenform füllen. Den Teig in der Form nochmals 15 Minuten an einem warmen Ort gehen lassen. Den Kuchen auf der mittleren Schiene bei 200 °C ca. 60 Minuten backen.

Dann vorsichtig auf ein Kuchengitter stürzen und noch warm mit Puderzucker bestäuben.

Standard

Einkaufsliste: Hefe-Napfkuchen

- ○ Mehl
- ○ 1 Würfel (42 g) Hefe
- ○ Zucker
- ○ Milch
- ○ 1 Stck. Butter
- ○ 5 Eier
- ○ 1 Zitrone
- ○ Salz
- ○ 1 kleiner Becher Sahne
- ○ 1 Tüte Korinthen
- ○ 1 Tüte Rosinen
- ○ 1 Pckg. Zitronat
- ○ 1 Tüte gehackte Mandeln
- ○ 1 Pckg. Orangeat
- ○ 1 Miniflasche Rum
- ○ Semmelbrösel
- ○ Puderzucker

Was noch?

- ○ __________
- ○ __________
- ○ __________
- ○ __________
- ○ __________
- ○ __________
- ○ __________
- ○ __________
- ○ __________
- ○ __________
- ○ __________
- ○ __________

Rührkuchen

Zutaten

- 4 Eier
- 300 g Butter
- 200 g Zucker
- 1 Pck. Vanillinzucker
- 8 EL Milch
- 400 g Mehl
- 100 g Stärkemehl
- 1 Pck. Backpulver
- Butter und Semmelbrösel für die Form

Eier und Butter cremig rühren, nach und nach Zucker, Vanillinzucker und Salz einrieseln lassen. Milch hinzufügen, Mehl, Stärkemehl und Backpulver mischen und unter die Eier-Butter-Masse rühren. Alles zu einem geschmeidigen Teig verarbeiten.

Eine Kastenform einfetten und mit Semmelbröseln bestreuen. Den Teig einfüllen und im Backofen bei 180 °C ca. 40 bis 50 Minuten backen.

Standard

Einkaufsliste: Rührkuchen

- ○ 4 Eier
- ○ 2 Stck. Butter
- ○ Zucker
- ○ 1 Pck. Vanillinzucker
- ○ Milch
- ○ Mehl
- ○ Stärkemehl
- ○ 1 Pck. Backpulver
- ○ Semmelbrösel

Was noch?

- ○ ____________________
- ○ ____________________
- ○ ____________________
- ○ ____________________
- ○ ____________________
- ○ ____________________
- ○ ____________________
- ○ ____________________
- ○ ____________________
- ○ ____________________
- ○ ____________________
- ○ ____________________

Marmor-Rührkuchen

Zutaten für den RührTeig

- 250 g weiche Butter
- 250 g Zucker
- 1 Pck. Vanillinzucker
- 4 Eier
- ⅛ l Milch
- 500 g Weizenmehl
- 1 Pck. Backpulver

Für die Kakaomasse

- 3 EL Kakao
- 2 EL Zucker
- 3 EL Milch

Für den Rührteig Butter, Eier, Zucker, Vanillinzucker und Milch schaumig schlagen. Anschließend das mit dem Backpulver vermischte Mehl untersieben und alles zu einem geschmeidigen Teig verarbeiten. Zwei Drittel des Teiges in eine gefettete und bemehlte Backform füllen. Für die Kakaomasse Kakao, Zucker und Milch zu einer geschmeidigen Masse verrühren und mit der restlichen Teigmasse vermengen. Die dunkle Teigmasse auf den hellen Teig geben und mit einer Gabel spiralförmig beide Teige miteinander vermischen.

Im Backofen bei 180 °C ca. 50 bis 60 Minuten backen.

Standard

Einkaufsliste: Marmor-Rührkuchen

- ○ 1 Stck. Butter
- ○ Zucker
- ○ 1 Pck. Vanillinzucker
- ○ 4 Eier
- ○ Milch
- ○ Weizenmehl
- ○ 1 Pck. Backpulver
- ○ 1 Pckg. Kakao

Was noch?

- ○ ______
- ○ ______
- ○ ______
- ○ ______
- ○ ______
- ○ ______
- ○ ______
- ○ ______
- ○ ______
- ○ ______
- ○ ______
- ○ ______

Zitronenkuchen vom Blech

Zutaten für den Teig

- 350 g Butter
- 350 g Zucker
- 1 Pck. Vanillinzucker
- 6 Eier
- abgeriebene Schale von 2 Zitronen
- 350 g Mehl
- 3 TL Backpulver

Für den Guss

- 200 g Puderzucker
- 4 EL Zitronensaft

Für den Teig Butter, Zucker, Vanillinzucker, Eier und geriebene Zitronenschale schaumig schlagen. Anschließend das mit dem Backpulver vermischte Mehl untersieben und alles zu einem geschmeidigen Teig verarbeiten. Den Teig auf ein mit Backpapier ausgelegtes Backblech streichen. Im Backofen bei 180 °C ca. 25 Minuten backen.

Den Kuchen auf dem Blech auskühlen lassen. Aus Puderzucker und Zitronensaft einen Guss anrühren und den kalten Kuchen damit bestreichen.

Standard

Einkaufsliste: Zitronenkuchen vom Blech

- ○ 2 Stck. Butter
- ○ Zucker
- ○ 1 Pck. Vanillinzucker
- ○ 6 Eier
- ○ 2 Zitronen
- ○ Mehl
- ○ 1 Pck. Backpulver
- ○ 200 g Puderzucker

Was noch?

- ○ ______
- ○ ______
- ○ ______
- ○ ______
- ○ ______
- ○ ______
- ○ ______
- ○ ______
- ○ ______
- ○ ______
- ○ ______
- ○ ______

Butterkuchen vom Blech

Zutaten
für den Hefeteig

- 300 g Mehl
- 30 g Hefe
- 80 g Zucker
- ¼ l warme Milch
- Salz
- 8 EL Öl

Belag

- 100 g Butter
- 75 g Zucker
- 1 Pck. Vanillinzucker
- 100 g Mandelstifte

Mehl in eine Schüssel geben, in die Mitte eine Mulde drücken, Hefe hineinbröckeln und mit einem TL Zucker, etwas warmer Milch und etwas Mehl zu einem Vorteig verrühren. Mit etwas Mehl bestäuben und den Teig an einem warmen Ort gehen lassen, bis er etwa die doppelte Größe erreicht hat. Danach den Vorteig mit etwas Mehl verrühren und mit den restlichen Zutaten verkneten, bis sich der Teig vom Schüsselrand löst. Den Teig mit einem Geschirrtuch abdecken und weitere 20 Minuten an einem warmen Ort gehen lassen. Nun den Teig leicht bemehlen, zu einer Rolle formen und auf einem gefetteten Backblech ausrollen.

Butter in Flöckchen gleichmäßig auf dem Teig verteilen. Zucker und Vanillinzucker mischen, auf den Teig streuen und Mandeln darüber verteilen. Den Kuchen weitere 15 Minuten ruhen lassen und dann im Backofen bei 200 °C ca. 20 bis 25 Minuten backen.

Standard

Einkaufsliste: Butterkuchen vom Blech

- ○ Mehl
- ○ 1 Würfel (42 g) Hefe
- ○ Zucker
- ○ Milch
- ○ Salz
- ○ Öl
- ○ 1 Stck. Butter
- ○ Zucker
- ○ 1 Pck. Vanillinzucker
- ○ 1 Tüte Mandelstifte

Was noch?

- ○ ______
- ○ ______
- ○ ______
- ○ ______
- ○ ______
- ○ ______
- ○ ______
- ○ ______
- ○ ______
- ○ ______
- ○ ______
- ○ ______

Streuselkuchen vom Blech

Zutaten für den Teig

- 250 g Butter
- 250 g Zucker
- 4 Eier
- 1 Prise Salz
- 1 Pck. Vanillinzucker
- 5 EL Milch
- 2 TL Backpulver
- 400 g Mehl

Streusel

- 375 g Butter
- 500 g Mehl
- 250 g Zucker
- 1 Msp. Zimt
- 1 Prise Salz

Butter, Zucker, Eier, Salz, Vanillinzucker und Milch cremig rühren, danach das Mehl mit dem Backpulver vermischen und unter die Masse sieben. Alles zu einem glatten Teig verarbeiten und auf ein mit Backpapier ausgelegtes Backblech streichen.

Butter, Mehl, Zucker, Zimt und Salz mit den Knethaken des elektrischen Handrührgeräts zu Streuseln verarbeiten. Anschließend die Streusel auf dem Teig verteilen und bei 200 °C ca. 25 Minuten backen.

Standard

Einkaufsliste: Streuselkuchen vom Blech

- ○ 3 Stck. Butter
- ○ Zucker
- ○ 4 Eier
- ○ Salz
- ○ 1 Pck. Vanillinzucker
- ○ Milch
- ○ 1 Pck. Backpulver
- ○ Mehl
- ○ Zimt

Was noch?

- ○ ______
- ○ ______
- ○ ______
- ○ ______
- ○ ______
- ○ ______
- ○ ______
- ○ ______
- ○ ______
- ○ ______
- ○ ______
- ○ ______

Kokoskuchen

Zutaten für den Teig

- 2 Tassen Buttermilch
- ¾ Tasse Zucker
- 2 Eier
- 1 ½ Pck. Backpulver
- 4 Tassen Mehl

Für den Belag

- 200 ml süße Sahne
- 2 Tassen Kokosraspeln
- ¾ Tassen Zucker
- 1 Pck. Vanillinzucker

Buttermilch, Zucker und Eier miteinander verrühren und nach und nach das mit dem Backpulver vermischte Mehl unterheben. Alles zu einem glatten Teig verarbeiten und auf ein mit Backpapier ausgelegtes Backblech streichen. Anschließend die Sahne erhitzen, Kokosraspeln, Zucker und Vanillinzucker untermengen und unter ständigem Umrühren kurz aufkochen lassen. Die Kokosmasse über den Teig verteilen.

Den Kuchen im Backofen bei 180 °C ca. 25 Minuten backen.

Standard

Einkaufsliste: Kokoskuchen

- ○ 1 großer Becher Buttermilch
- ○ Zucker
- ○ 2 Eier
- ○ 2 Pck. Backpulver
- ○ Mehl
- ○ 1 Tüte Kokosraspeln
- ○ 1 Pck. Vanillinzucker
- ○ 1 Becher Sahne (200 ml)

Was noch?

○ ____________________

○ ____________________

○ ____________________

○ ____________________

○ ____________________

○ ____________________

○ ____________________

○ ____________________

○ ____________________

○ ____________________

○ ____________________

○ ____________________

Frankfurter Kranz

Zutaten für den Teig

- 100 g Butter
- 150 g Zucker
- 3 Eier, etwas Salz
- ½ Fläschchen Rum-Aroma
- 150 g Weizenmehl
- 50 g Speisestärke

Für die Buttercreme

- 1 Pck. Vanillinpudding
- 100 g Zucker
- ½ l Milch
- 200 g weiche Butter

Krokant

- 60 g Zucker
- 1 Messerspitze Butter
- 125 g gehackte Mandeln

Butter schaumig rühren und nach und nach Zucker, Eier und Gewürze hinzufügen. Das mit Speisestärke vermischte Mehl esslöffelweise unterrühren und den Teig in eine gefettete Kranzform füllen. Im Backofen bei 180 °C ca. 45 Minuten backen.

Inzwischen aus Puddingpulver, Zucker und Milch einen Pudding nach Packungsanweisung herstellen und erkalten lassen. Dabei öfter umrühren, damit sich keine Haut bildet. Die Butter schaumig schlagen und den erkalteten Pudding esslöffelweise darunter geben. Alles zu einer glatten Creme verrühren.

Für den Krokant Butter und Zucker in einer beschichteten Pfanne zerlassen und unter Rühren so lange erhitzen, bis der Zucker goldbraun ist. Dann die Mandeln unterrühren und alles so lange unter Rühren erhitzen, bis der Krokant ebenfalls goldbraun ist. Die Masse auf eine geölte Servierplatte geben und nach dem Erkalten in sehr kleine Stücke zerstoßen. Den inzwischen erkalteten Kuchen zweimal durchschneiden und mit zwei Drittel der Buttercreme füllen. Den gesamten Kranz mit der restlichen Creme bestreichen und mit dem Krokant bestreuen. Man kann sich die Arbeit mit dem Krokant auch sparen und nimmt stattdessen fertigen handelsüblichen Krokant zum Backen.

Standard

Einkaufsliste: Frankfurter Kranz

- ○ 2 Stck. Butter
- ○ Zucker
- ○ 3 Eier
- ○ Salz
- ○ 1 Fläschchen Rum-Aroma
- ○ Weizenmehl
- ○ Speisestärke
- ○ 1 Pck. Vanillepudding
- ○ Milch
- ○ 2 Tüten gehackte Mandeln

Was noch?

- ○ ____________________
- ○ ____________________
- ○ ____________________
- ○ ____________________
- ○ ____________________
- ○ ____________________
- ○ ____________________
- ○ ____________________
- ○ ____________________
- ○ ____________________
- ○ ____________________
- ○ ____________________

Rosinenkuchen

Zutaten

- 75 g Zucker
- 1 Pck. Vanillinzucker
- 100 g Butter
- 1 Ei
- 100 g Quark
- 225 g Mehl
- ½ Pck. Backpulver
- 50 gemahlene Mandeln
- 125 g Rosinen
- Puderzucker

Zucker, Vanillinzucker, Butter, Ei und Quark cremig rühren. Dann das mit dem Backpulver und gemahlenen Mandeln vermischte Mehl unterziehen und zum Schluss die Rosinen hinzufügen. Alles zu einem Rührteig verarbeiten und in eine gefettete und mit Semmelbröseln ausgestreute Kastenform füllen. Im vorgeheizten Backofen bei 180 °C ca. 50 bis 60 Minuten backen.

Nach dem Erkalten mit Puderzucker bestreuen.

Standard

Einkaufsliste: Rosinenkuchen

- ○ Zucker
- ○ 1 Pck. Vanillinzucker
- ○ 1 Stück Butter
- ○ 1 Ei
- ○ 1 Becher Quark
- ○ Mehl
- ○ 1 Pck. Backpulver
- ○ 1 Tüte gemahlene Mandeln
- ○ 1 Tüte Rosinen
- ○ Puderzucker

Was noch?

- ○ ____________________
- ○ ____________________
- ○ ____________________
- ○ ____________________
- ○ ____________________
- ○ ____________________
- ○ ____________________
- ○ ____________________
- ○ ____________________
- ○ ____________________
- ○ ____________________
- ○ ____________________

Selterskuchen

Zutaten

- 4 Eier
- 2 Tassen Zucker
- 1 Tasse Öl
- 1 Tasse Selters
- ½ Pck. Backpulver
- 3 EL Kakao
- 3 Tassen Mehl
- Puderzucker zum Bestäuben

Eier, Zucker, Öl und Selters cremig schlagen. Nach und nach das mit dem Backpulver und Kakao vermischte Mehl unterziehen und alles zu einem glatten Teig verarbeiten.

Den Teig in eine eingefettete Kastenform füllen und glatt streichen. Im Backofen bei 180 °C ca. 45 Minuten backen. Kurz abkühlen lassen und auf ein Kuchengitter stürzen.

Nach dem Erkalten mit Puderzucker bestäuben.

Standard

Einkaufsliste: Selterskuchen

- ○ 4 Eier
- ○ Zucker
- ○ Öl
- ○ 1 Flasche Selters
- ○ 1 Pck. Backpulver
- ○ Kakao
- ○ Mehl
- ○ Puderzucker

Was noch?

○ ______________________

○ ______________________

○ ______________________

○ ______________________

○ ______________________

○ ______________________

○ ______________________

○ ______________________

○ ______________________

○ ______________________

○ ______________________

○ ______________________

Englischer Kuchen

Zutaten

- 250 g Butter
- 250 g Zucker
- 1 Pck. Vanillinzucker
- 4 Eier
- 400 g Mehl
- 3 TL Backpulver
- 50 g Orangeat
- 50 g Zitronat
- 50 g gehackte Mandeln
- 50 g Belegkirschen
- 150 g Rosinen
- Puderzucker

Butter, Zucker, Vanillinzucker und Eier cremig schlagen. Das mit dem Backpulver vermischte Mehl nach und nach unterziehen und mit den restlichen Zutaten vermengen.

Den Teig in eine gefettete Kastenform füllen und im Backofen bei 180 °C ca. 70 Minuten backen. Kurz abkühlen lassen und auf ein Kuchengitter stürzen.

Nach dem Erkalten mit Puderzucker bestäuben.

Standard

Einkaufsliste: Englischer Kuchen

- ○ 1 Stck. Butter
- ○ Zucker
- ○ 1 Pck. Vanillinzucker
- ○ 4 Eier
- ○ Mehl
- ○ 1 Pck. Backpulver
- ○ 1 Pckg. Orangeat
- ○ 1 Pckg. Zitronat
- ○ 1 Tüte gehackte Mandeln
- ○ 1 Pckg. Belegkirschen
- ○ 1 Tüte Rosinen
- ○ Puderzucker

Was noch?

- ○ ______
- ○ ______
- ○ ______
- ○ ______
- ○ ______
- ○ ______
- ○ ______
- ○ ______
- ○ ______
- ○ ______
- ○ ______
- ○ ______

Einfacher Nusskuchen

Zutaten

- 250 g Butter
- 250 g Zucker
- 5 Eier
- 250 g Mehl
- 1 Pck. Backpulver
- 250 gemahlene Nüsse
- 1 Pckg. Kuvertüre

Butter, Zucker und Eier schaumig schlagen und unter das mit dem Backpulver vermischte Mehl unterrühren. Zum Schluss die gemahlenen Nüsse unterziehen und alles zu einem geschmeidigen Teig verarbeiten. Den Teig in eine eingefettete und mit Semmelmehl ausgestreute Kastenform füllen und bei 180 °C ca. 60 Minuten backen.

Abkühlen lassen und auf ein Kuchengitter stürzen. Die Kuvertüre im heißen Wasserbad auflösen und den Kuchen damit bestreichen.

Standard

Einkaufsliste: Einfacher Nusskuchen

- ○ 1 Stck. Butter
- ○ Zucker
- ○ 5 Eier
- ○ Mehl
- ○ 1 Pck. Backpulver
- ○ 2 Tüten gemahlene Nüsse
- ○ 1 Pckg. Kuvertüre

Was noch?

- ○ ____________________
- ○ ____________________
- ○ ____________________
- ○ ____________________
- ○ ____________________
- ○ ____________________
- ○ ____________________
- ○ ____________________
- ○ ____________________
- ○ ____________________
- ○ ____________________
- ○ ____________________

Marzipankuchen

Zutaten

- 150 g Marzipanrohmasse
- 200 g weiche Butter
- 5 EL Milch
- 4 Eier, getrennt
- 250 g Zucker
- 250 g Mehl
- 1 TL Backpulver
- Puderzucker

Marzipanrohmasse weich kneten, die weiche Butter dazugeben und mit der Milch cremig rühren. Eigelb und 170 g Zucker unterrühren. Nach und nach das mit dem Backpulver vermischte Mehl unterziehen. Eiweiße mit restlichem Zucker zu Eischnee schlagen und vorsichtig unter den Teig heben. Eine Kastenkuchenform gut einfetten, mit etwas Mehl bestäuben und den Teig einfüllen.

Im Backofen bei 180 °C ca. 50 Minuten backen.

Standard

Einkaufsliste: Marzipankuchen

- ○ 1 Pckg. Marzipanrohmasse
- ○ 1 Stck. Butter
- ○ Milch
- ○ 4 Eier
- ○ Zucker
- ○ Mehl
- ○ 1 Pck. Backpulver
- ○ Puderzucker

Was noch?

○ ____________________

○ ____________________

○ ____________________

○ ____________________

○ ____________________

○ ____________________

○ ____________________

○ ____________________

○ ____________________

○ ____________________

○ ____________________

○ ____________________